딥페이크의 얼굴

BOOK
JOURNALISM

딥페이크의 얼굴

발행일 ; 제1판 제1쇄 2023년 5월 15일
지은이 ; 이소은·최순욱 발행인·편집인 ; 이연대
CCO ; 신아람 에디터 ; 김혜림
디자인 ; 권순문 지원 ; 유지혜 고문 ; 손현우
펴낸곳 ; ㈜스리체어스 _ 서울시 중구 한강대로 416 13층
전화 ; 02 396 6266 팩스 ; 070 8627 6266
이메일 ; hello@bookjournalism.com
홈페이지 ; www.bookjournalism.com
출판등록 ; 2014년 6월 25일 제300 2014 81호
ISBN ; 979 11 92572 92 5 03300

이 책은 "최순욱·이소은(2019). 딥페이크와 사실의 위기: 어떻게 대응할 것인가? 〈해외 미디어 동향〉 2019-01"과 "최순욱·오세욱·이소은 (2019). 딥페이크의 이미지 조작: 심층적 자동화에 따른 사실의 위기와 푼크툼의 생성.《미디어, 젠더 & 문화》, 34(3), 339-380"의 내용을 수정, 보완하여 작성한 것입니다. 각 문헌의 저작권은 한국언론진흥재단과 한국여성커뮤니케이션학회에 있습니다. 출판을 허락해 주신 두 기관에 감사드립니다.

북저널리즘은 환경 피해를 줄이기 위해
폐지를 배합해 만든 재생 용지 그린라이트를 사용합니다.

BOOK
JOURNALISM

딥페이크의 얼굴

이소은 · 최순욱

: 누가 이미지를 조작했는가를 넘어 핵심적인 질문들을 던져야 하는 것은 이 때문이다. 딥페이크로 조작된 영상물에 대해서는 창작자가 누구인지보다 창작의 의도와 그 결과물이 가져올 사회적 파급력을 묻는 것이 훨씬 더 중요하다.

차례

5

프롤로그　　　　　　　　**이 얼굴, 진짜일까?**

지난겨울, TV를 보다 깜짝 놀랐다. 불법 음란 동영상에 얼굴 이미지를 도용당한 피해자들이 모자이크 없이 화면에 나와 피해 사실을 증언하는 것이 아닌가? 성범죄 피해자가 얼굴을 드러내기가 쉬운 일은 아닌데, 혹여나 2차 피해는 없을지 걱정이 앞섰다. 한편으로는 이런 형태로 프로그램을 구성해도 되는지 프로그램 제작 윤리에 대한 염려가 들었다.

그다음이었다. 영상에 나온 피해자의 얼굴이 딥페이크 deepfake로 합성된, '세상에 존재하지 않는 얼굴'이란 걸 알게 된 건. 2021년 2월 27일 방송된 SBS 〈그것이 알고 싶다〉는 딥페이크 기술과 이를 악용한 범죄를 다루던 중이었다. 제작진은 피해자의 동의하에 신변 보호 형식으로 모자이크가 아닌 딥페이크를 선택했고, 증언 장면이 나온 한참 후에야 해당 영상이 딥페이크로 만들어진 것임을 알렸다. 딥페이크의 피해자를 딥페이크로 보호하다니. 감쪽같이 속았지만, 어쩐지 안도가 됐다. 이 기술이 피해자를 보호하는 데도 활용될 수 있다는 점이 특히 새로웠다. 피해자를 양산하는 기술로만 인식되던 딥페이크는 어쩌면 세상이 알던 것 이상으로 다양한 가능성과 연관되는 기술일지도 모른다.

딥페이크는 딥러닝deep-learning 알고리즘을 이용해 원본 이미지나 동영상 위에 원본과는 관련이 없는 이미지를 중첩하거나 결합하는 이미지 합성·조작 기술이다. 이 기술을 활

다른 사람이 보고
저를 떠올리는 것 자체도 너무 소름 끼치고

SBS 〈그것이 알고 싶다〉의 한 장면 ⓒSBS

용하면 기계가 인식할 수 있는 객체는 무엇이든 다른 이미지로 교체하거나, 합성할 수 있지만, 딥페이크는 주로 원본 동영상 속 얼굴을 자연스럽게 다른 사람의 얼굴로 바꾸는 데 활용된다. 영상 속 객체를 합성·조작하는 기술이 전에 없었던 것은 아니다. 컴퓨터 그래픽이 활용된 영화 화면이나 포토샵photoshop 처리된 사진은 대표적인 이미지 합성·조작의 사례다. 그러나 이들이 전문가의 손 기술이나 일상의 재미로 자리 잡은 것과 달리 딥페이크는 'deep'과 'fake'가 합쳐진 이름처럼, 감쪽같은deep-laid 거짓fake 이미지나 영상을 만드는 것으로 유독 악명이 높다. 소프트웨어정책연구소가 소셜 빅데이터 자료를 분석한 결과에 따르면, 딥페이크에 대한 부정적 인식이 긍정적 인식보다 세 배 이상 높게 나타날 정도다.[1]

그 이유는 기술 등장 초기, 딥페이크가 주로 음란 영상물에 사용됐기 때문이다. 2017년 말 'deepfakes'라는 닉네임을 쓰는 이용자가 미국의 커뮤니티 사이트인 '레딧Reddit'에 올린 포르노 영상물들이 악명의 기폭제가 됐다. 평소에도 외설적이거나 혐오스러운 이미지와 동영상이 심심치 않게 게시되던 레딧이었지만, 'deepfakes'가 올린 영상은 사람들의 엄청난 관심을 끌었다. 그 이유는 음란 영상물 속 주인공이 누구나 알 만한 스타들이었기 때문이다. 영상이 워낙 자연스러워 많은 이들은 해당 영상이 사고로 유출된 것은 아닌지 의심했지만 'deepfakes'는 이 영상들이 딥러닝 알고리즘을 활용해 포르노 배우의 얼굴을 슈퍼스타의 얼굴로 바꾼 것이라 설명했다. 이때부터 딥페이크는 딥러닝 알고리즘을 활용하여 얼굴이나 신체 부위를 조작, 합성하는 기술을 대표하는 이름이 되었다.

2018년 4월 17일, 언론사 '버즈피드BuzzFeed'가 유튜브에 동영상 하나를 게재하면서 딥페이크의 악명은 더욱 높아졌다.[2] 영상에서는 버락 오바마Barack Obama 미국 전 대통령이 "트럼프 대통령은 완전 머저리"라며 막말을 하고, 극우 인종주의자를 찬양하는 등 믿을 수 없는 말들을 내뱉고 있었다. '이 연설이 진짜인가?'라는 의심이 들 때쯤 화면이 둘로 갈라지며 진실이 밝혀진다. 해당 영상은 딥페이크 기술을 활용해

조던 필이 딥페이크로 자신의 얼굴을 오바마의 얼굴로 합성한 영상
ⓒBuzzFeedVideo

영화감독인 조던 필Jordan Peele이 오바마를 성대모사하는 영상에 오바마의 얼굴을 합성한 것이었다. 만약 영상 속 메시지가 오바마 대통령이 정말로 이야기할 법한 내용이었다면? 전쟁 선포와 같이 중요한 정치적 결정을 포함하고 있었다면? 대통령의 연설임을 믿을 수밖에 없을 만큼 자연스러운 오바마의 얼굴을 보며, 사람들은 딥페이크가 초래할 수 있는 정보적 혼란을 새삼 실감할 수밖에 없었다.

일련의 사례들로 대표된 딥페이크는 불법 음란 영상물이나 허위·조작 정보의 주범인 '나쁜 기술'이 되곤 한다. 2019년 'MIT 테크놀로지 리뷰MIT Technology Review'는 인공지능의 위험 요소 여섯 가지 중 하나로 딥페이크 기술의 발전을 꼽았고[3], 미국 국방부는 딥페이크를 방지 기술 개발이 필요한

'안보 위협'으로 간주한 바 있다. 유럽의 언론사들은 딥페이크가 초래하는 허위정보disinformation를 예방하기 위해 딥페이크 검증 도구를 개발하는 '인비드InVID 프로젝트'[4]를 진행했고, 딥페이크와 관련해 더욱 강력한 규제 법안을 제정해야 한다는 목소리도 커지고 있다. 어떤 영상을 보든 '이 얼굴이 진짜인가?'를 물어야만 하는 상황은 우리에게 곧 '진실의 종말end of truth'이 닥칠 것이라는 비관적 전망[5]으로 이어지기에 충분하다.

주목할 점은 최근 딥페이크를 창의적으로 활용하는 사례가 등장하고 있다는 점이다. 2020년에 우리는 세상을 떠난 가수 터틀맨이 최신곡을 부르며 움직이는 영상을 확인한 바 있고,[6] 독일의 온라인 족보 사이트 '마이헤리티지MyHeritage'는 딥페이크 기술을 활용해 세상을 떠난 가족의 사진을 영상으로 변환해주는 '딥 노스탤지어Deep Nostalgia' 서비스를 제공하는 중이다.[7] 최근 다수 등장하는 '가상 인플루언서virtual influencer'들의 얼굴을 합성하는 데도 딥페이크 기술은 널리 활용되며, 의료계에서는 딥페이크로 의학 영상 이미지를 분석해 질병 징후와 이상 신호를 찾아내는 방안을 적극적으로 연구하고 있다.

이처럼 전과 다른 긍정적 사례들이 등장하면 딥페이크에 대해 우려했던 점들이 자연스레 해결될 수 있을까? 좋은

과거 사진을 영상으로 복원해주는 '딥 노스탤지어' 서비스
ⓒMyHeritage

의도로 좋게 활용되면 나쁜 기술이던 딥페이크가 좋은 기술로 변모하는 것일까? 이러한 물음은 사실 매우 어리석다. 좋고 나쁜 것은 기술의 활용 방식일 뿐, 기술 자체는 언제나 중립적이기 때문이다. 딥러닝을 활용한 이미지 합성·조작 기술이 '거짓fake'의 이름을 가지게 된 것은 레딧에 'deepfakes'라는 이용자가 올린 나쁜 영상물들이 큰 관심을 받았기 때문이지 기술 자체가 지닌 허위성 때문이 아니다. 기술 자체는 가치를 내포하지 않기에 딥페이크의 '좋고 나쁨'을 이야기하는 것은 크게 중요한 일이 아니다. 중요한 것은 우리 사회가 이 기술의 의미를 얼마나 잘 이해하고, 활용하며, 대응할 수 있는가의 문제다. 이를 파악하기 위해서는 딥페이크 기술의 원리와 활용 사례를 다각도로 살펴보는 일이 필요할 것이다.

딥페이크는 어떤 원리로 이미지를 합성하고 조작하며, 어떤 영역에서 주로 활용되고 있을까? 활용 사례들이 이야기 해주는 것은 무엇이며, 이를 통해 우리가 이해할 수 있는 딥페이크 기술의 의미는 무엇일까? 딥페이크 '규제론'과 '활용론'이 대립하는 가운데,《딥페이크의 얼굴》은 위의 질문들을 통해 딥페이크가 조금 더 사회적이고 문화석인 성찰이 필요한 기술임을 드러내고자 한다. 이를 위해 딥페이크가 과거의 이미지 합성·조작 기술과 무엇이 다른지 먼저 살펴보고, 딥페이크가 활용된 다양한 사례를 통해 이 기술의 의미와 가치, 한계를 검토해 본다. 아울러 딥페이크 기술의 악용을 최소화하기 위한 과제를 탐색할 것이다. 이러한 논의 이후에야 우리는 딥페이크의 얼굴이 진짜인지를 넘어, 더욱 깊은 질문을 던질 수 있을 것이다.

1 딥페이크, 얼굴을 바꾸다

딥페이크는 어떤 기술인가?

영상 속 A의 얼굴을 B의 얼굴인 것처럼 보이게 하려면 어떻게 해야 할까? A의 얼굴을 B의 얼굴로 바꾸고, B가 A의 음성이나 행위에 맞추어 얼굴을 움직이거나 A와 유사한 표정을 짓도록 해야 할 것이다. 딥페이크를 제대로 이해하기 위해서는 얼굴의 변환 과정을 알아야 한다. 딥페이크로 얼굴을 바꾸기 위해서는 수백 또는 수천 개의 이미지를 인공신경망 (ANN·Artificial Neural Network)[8]에 투입한 후 특징을 식별하고 재구성하도록 훈련하는 작업이 필요하다. 이 과정은 크게 '추출extraction-학습learning/training-병합creating/merging'의 세 단계로 구분된다. 딥페이크 기술이 나날이 발전하고 있어 세부적인 원리들은 차이가 있을 수 있으나, 기본적으로 이 세 단계의 과정이 필요하다는 점은 공통적이다.

'추출'은 A와 B의 얼굴을 바꾸기 전에 컴퓨터가 A와 B의 얼굴 특징이 무엇인지를 먼저 배우는 단계다. 딥페이크 애플리케이션에 A와 B의 사진을 입력하면 기계가 알아서 사진 속 얼굴 부분을 감지detecting해 그 부분만 잘라낸 후 잘라낸 부분의 눈, 코, 입의 위치가 서로 맞도록 정렬한다. 사진에서 얼굴의 특징을 인식해 정렬하는 기능은 구글의 '텐서플로우 TensorFlow'나 'OpenCV'와 같은 공개 라이브러리와 API, 소프트웨어에 매우 잘 구현돼 있어 기술적으로 어렵지 않고, 결과

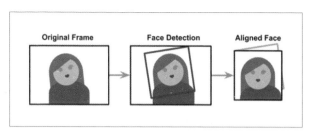

딥페이크의 이미지 추출 과정 ⓒalan zucconi 홈페이지

물의 정확도도 높은 편이다. 다만 대상의 특징을 학습할 수 있는 이미지가 많을수록 추출이 잘 이루어지기 때문에 양질의 데이터를 많이 확보하는 것이 중요하다. 딥페이크가 주로 동영상에서 추출한 이미지를 대상으로 하는 것은 이 때문이다. 동영상은 1초가 수십 개 이미지 프레임의 집합이기 때문에 수백, 수천 장의 얼굴 이미지를 손쉽게 뽑아낼 수 있다. 유명인들이 딥페이크 초창기의 주요 시험 대상이 되었던 것도 특징을 추출하기 위한 데이터의 확보와 관련된다. 유명인들은 기자나 팬들에게 수없이 사진을 찍히고, 웹에 공개되기 때문에 몇 번의 검색만으로도 손쉽게 이미지를 구할 수 있다.

두 번째 단계는 딥페이크의 핵심인 '학습' 단계다. 학습을 통해 컴퓨터는 추출한 얼굴의 특징을 반영해 원본 영상의 얼굴을 새롭게 구성해 낸다. A 얼굴의 특징을 반영해 B의 얼굴 이미지를 만들어 내고, 반대로 B 얼굴의 특징을 반영해 A

의 얼굴 이미지를 만드는 것이다.

학습은 '오토인코더autoencoder'라고 하는 일종의 ANN에 의존한다. 오토인코더는 인코더와 디코더로 구성된다. 인코더는 이미지에서 중요한 정보만을 추출하는 것이 주목적이다. 고차원의 입력 데이터를 저차원의 표현 벡터로 압축하는 것인데, 이를 전문 용어로 표현하면 "더 낮은 차원의 '잠재 공간latent space'으로 축소한다"고 말할 수 있다. 디코더는 이렇게 잠재된 표현으로부터 이미지를 재구성해 내는 역할을 한다. 영상에서 A와 B의 얼굴을 바꾸려는 경우, 딥페이크는 같은 구조의 인코더와 디코더를 가진 두 개의 ANN을 사용해 A의 사진에서 A 얼굴의 특징을 학습하는 과정, B의 사진에서 B 얼굴의 특징을 학습하는 과정을 각각 진행한다. 그 결과 두 ANN의 잠재 공간에는 A와 B의 얼굴 특징이 각각 별도로 저장된다. 같은 인코더를 사용했기 때문에 저장된 특징은 동일하다. 가령, A 얼굴에서 눈, 코, 입의 윤곽을 학습했다면 B의 얼굴에서도 눈, 코, 입의 윤곽을 학습하지 귀의 모양을 학습하지는 않는다. 이처럼 동일한 특징을 기준으로 두 ANN의 디코더를 바꿔주면 A의 디코더는 B의 얼굴에서 학습한 특징을 바탕으로 A의 얼굴을 재구성하고, B의 디코더는 A의 특징을 반영해 B의 얼굴을 재구성한다. 이렇게 A와 B의 얼굴이 서로 바뀌게 된다.

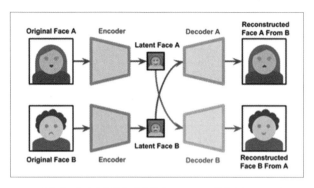

딥페이크의 이미지 학습 과정 ⓒalan zucconi 홈페이지

딥페이크는 '생성적 적대 신경망(GAN·Generative Adversarial Network)'을 디코더에 연결하면서 더욱 업그레이드됐다. GAN은 위조지폐범과 경찰이 경쟁하는 과정에서 위조지폐범이 더욱 진짜 같은 위조지폐를 만들게 되는 진화 과정과 닮아있다. 두 개의 신경망(생성 모델과 분류 모델)을 경쟁적(적대적) 관계로 훈련시킴으로써 더욱 진짜 같은 이미지를 만들도록 하는 것이다. 생성 모델의 잠재 공간에 저장된 특징을 기반으로 새롭게 이미지가 만들어지면, 분류 모델의 판별기discriminator가 이 이미지의 결함 여부를 포착한다. 분류 모델을 충분히 '속일 수 있는' 이미지를 만들어 내야 하기 때문에 두 모델의 경쟁 속에서 새로운 이미지는 더더욱 원본 이미지와 유사해진다. 이 학습이 잘 이뤄지면 사람의 눈으로는 두 사

람의 얼굴 특징이 서로 바뀌어 새롭게 만들어진 이미지라는 것을 쉽게 파악하기 힘들다.

학습이 완료되면 재구성된 얼굴을 원본 이미지에 '병합'하는 세 번째 단계가 진행된다. 앞의 두 단계와 달리 이 과정에서는 딥러닝 알고리즘이 적용되지 않는다. 동영상의 프레임마다 인식된 얼굴 부분에 딥페이크가 새롭게 만들어 낸 얼굴을 병합하고 색 조정 정도의 간단한 보정을 거치는 과정이 독립적으로 이뤄진다. 이 과정에서 프레임 간의 시간 연계성time correlation은 고려되지 않는다. 즉, 개별 프레임마다 병합 작업을 수행할 뿐, 연속된 프레임 간의 연계가 얼마나 매끄럽게 이뤄지는지는 딥페이크 기술의 고려 대상이 아니다. 이 때문에 최종적으로 완성된 딥페이크 동영상에서 바뀐 얼굴이 조금씩 끊기거나 깜빡거리는 것처럼 보일 수 있다. 이 특징은 특정 동영상의 원본성 여부, 즉 딥페이크 활용 여부를 감지하는 기준이 되기도 한다.

쉽고, 싸고, 빠른, 딥페이크

딥페이크가 최초의 이미지 합성·조작 기술은 아니다. 어릴 적 사진을 오려 붙여 새로운 이미지를 구성해 내거나 포토샵으로 얼굴을 보정했던 경험이 누구에게나 있을 것이다. 우리는 모두 '이미지 조작 기술'을 사용해 왔던 셈이다.

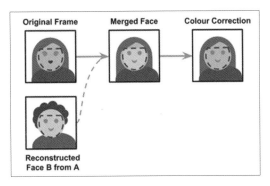

딥페이크의 이미지 병합 과정 ⓒalan zucconi 홈페이지

역사적으로 모든 이미지 제작 기술이 발명된 다음에는 그 이미지를 조작하는 기술이 항상 그 뒤를 좇았다. 회화 영역에서는 위작僞作 논란이 끊임없이 일었고, 아날로그 필름을 사용하는 사진이나 영화 분야에서는 조작 기술이 특수 효과(special effects·VFX)라는 전문 분야의 발전을 이끌었다. 디지털카메라가 등장하면서 이미지는 그 자체로 이미 보정retouching과 조작을 고유한 특성으로 갖게 되는 데 이른다.[9] 포토샵이나 프리미어Premier와 같은 이미지, 영상 편집 소프트웨어가 널리 보급됐다는 사실은 디지털 이미지의 조작과 편집이 사회적으로 일상화됐음을 보여준다. 컴퓨터 그래픽이 등장하지 않는 영화를 찾기 어려울 만큼, 디지털 영상 분야에서도 이미지 합성과 조작이 보편화됐다. 그렇다면 딥페이크는 이전의

이미지 조작 기술과 무엇이 다를까?

가장 큰 특징은 이미지의 합성과 조작이 너무나도 쉬워졌다는 것이다. 딥페이크에는 '장인의 손길'이 필요 없다. 누구나 사진 한 장만 있다면 얼굴이 뒤바뀐 이미지나 영상을 만들어 낼 수 있다. 딥페이크는 모바일 애플리케이션, 웹사이트 서비스, 오픈 소스 소프트웨어 등 다양한 형태로 서비스되고 있다. 특별한 지식이 없더라도 이용자가 '페이스앱FaceApp' 또는 '리페이스Reface'와 같은 애플리케이션에 이미지만 선택해서 넣으면 자동으로 얼굴이 뒤바뀐 합성 이미지를 만들어 낼 수 있다. 프로그래밍에 대한 약간의 지식이 있다면, '페이스스왑Faceswap'이나 '딥페이스랩DeepFaceLab'과 같은 오픈 소스 소프트웨어를 통해 조금 더 높은 품질의 영상을 만들 수도 있을 것이다.

이미지 합성과 조작에 소요되는 시간과 비용도 현저하게 낮아졌다. 딥러닝 알고리즘을 통해 수천, 수만 장의 이미지가 자동으로 수정되기 때문에, 사람이 프레임별로 이미지를 수정할 때와는 비교할 수 없을 정도로 빠르게 조작된 영상을 만들 수 있다. 기계가 이미지를 '학습'하는 데 소요되는 시간은 컴퓨터 성능과 학습할 데이터의 양에 따라 수 시간에서 수십 시간으로 달라지는데, 학습은 단 한 차례만 진행하면 되기 때문에 일단 학습이 이뤄진 후 이미지 합성물을 만드는 과정에는 시간이 오래 걸리지 않는다. 딥페이크 기술을 적용하기 위해 고가의 장비를 갖출 필요도 없다. 딥페이크는 개방형 라이브러리나 API에 의존하고 좋은 결과물을 산출하기 위한 노하우도 대부분 온라인에 공개돼 있어 일정 수준 이상의 그래픽카드만 장착하고 있다면 가정용 PC로도 충분히 딥페이크 영상 합성이 가능하다. 힐러리 클린턴Hillary Clinton의 얼굴을 도널드 트럼프Donald Trump의 얼굴로 교체한 딥페이크 영상은 700장의 사진을 중저가 그래픽카드(GTX 1060)가 달린 가정용 컴퓨터로 고작 16시간 동안 학습한 결과물이었다.

딥페이크는 쉽고, 싸고, 빠르게 이미지를 만들어 낸다. 그 점에서 딥페이크는 합성 이미지를 위한 상상력, 그리고 이를 구현할 손 기술을 필요로 했던 과거의 이미지 조작과 완전히 다르다. 가령, 인간이 손으로 직접 이미지를 창작하던 회화 시대의 이미지 조작은 새로운 이미지를 다시 만드는 과정과 같았다. 유화를 수정할 때 물감을 덧칠하는 것처럼 이미지를 수정하는 기술은 이미지를 생성하는 기술과 구분되지 않는다. 사실을 기록하는 기법이 곧 거짓을 사실로 조작해 내는 최고의 기법이기도 했던 셈이다. 조작된 이미지가 얼마나 진짜 같은지는 화가의 상상력과 숙련도, 솜씨에 달려 있다. 회화의 시대, 이미지를 생성하거나 조작하는 기술은 오랜 시간의 수련을 통해 습득해야 하는 전문적인 손 기술이었다. 다시 말해,

예술art에 가까웠다.

필름에 보존된 빛의 화학적 기록을 통해 이미지를 구현하던 아날로그 사진 시대의 이미지 조작 또한 회화의 시대와 유사하게 사진사의 전문적인 손길에 의존했다. 사진의 기술적 조작은 사진 그 자체만큼이나 오래된 것[10]으로, '닷지dodge'나, '번burn' 등과 같이 촬영 과정에서 발생한 노출 실수를 보완하는 기초적인 조작 기법은 19세기 사진 작업의 핵심적인 부분이자 정규적인 작업이었다.[11] 사진학도의 필독서 중 하나인 마이클 랭포드Michael Langford의 책 《암실 테크닉》의 전체 여덟 장 중 세 장이 다양한 조작 기법 설명에만 할애된 것을 봐도 이를 알 수 있다.

아날로그 영상의 이미지 조작은 1902년 조르주 멜리에스Georges Méliès의 영화 〈달세계 여행〉 등에서 시도된 것처럼, 주로 극영화에 사용되는 특수 효과 기법을 중심으로 발전했다. 10분 길이의 아날로그 영상을 조작하기 위해서는 최소 1만 장 이상의 스틸 사진을 수정해 내용이 물 흐르듯 이어져야 한다. 사진을 자연스럽게 수정하는 것은 시간과 품이 많이 들고, 사람들이 알아채지 못할 만큼 '사실적으로' 이미지를 만들기 매우 어렵다. 이 때문에 아날로그 영상의 조작은 창작 수준의 자유도를 갖지 못하는 제한된 형태로 이뤄졌다.

디지털 이미지의 시대가 도래한 이후에도 전문가의 영

역은 늘 존재했다. 이미지 생산이 폭발적으로 증가한 만큼 이미지 조작 기술 또한 발전했지만, 조작 기술을 제대로 활용하기 위해 디지털 이미지에 대한 지식과 이를 다뤄 본 충분한 경험이 필요하다는 사실은 전과 달라지지 않았다. 포토샵과 같은 이미지 조작 프로그램은 누구나 특별한 도구 없이도 이미지를 합성하고 조작할 수 있도록 만든 계기였지만, 포토샵의 레이어layer 구조나 다양한 필터의 효과에 대한 이해, 그리고 이를 잘 적용할 수 있는 손 기술 없이는 최대의 조작 효과를 얻기 어렵다. 디지털 이미지의 시대의 사람들은 이미지 조작을 집에서 컴퓨터만 켜면 할 수 있는 지극히 자연스러운 일로 받아들이게 됐다. 그럼에도 전문적인 지식과 경험이 여전히 필요하다는 점에서 디지털 이미지 조작은 일정 부분 예술의 영역에 걸쳐 있다.

　디지털 영상에서 이미지 조작의 예술성은 더욱 극명하게 드러난다. 무한대에 가까운 합성 및 조작 가능성이 제공됐지만, 영상을 수정하는 것은 여전히 어려운 작업이었고 시간과 비용은 도리어 늘어났다. 수정되거나 새로 만들어진 객체를 삽입한 영상은 프레임별 렌더링rendering 작업이 필요하기 때문이다. 1993년에 개봉된 영화 〈쥐라기 공원Jurassic Park〉의 경우 공룡의 3D 모델을 렌더링하는 작업에 프레임당 두 시간 이상이 소요됐다. 디지털 영상의 합성·조작이 소수의 전문가

집단이나 기업의 업무로 전문화된 것은 이 때문이다.

딥페이크는 전문가가 고가의 장비와 전문 지식을 활용해 수행하던 이미지 합성과 조작을 소프트웨어와 알고리즘이 대신 수행하도록 한다. 딥페이크는 전문가에 국한돼 있던 시각 미디어 조작의 주체를 '우리 모두'로 넓히며 비로소 '가내화domestication'[12]된 셈이다. 디지털 이미지 시대의 포토샵이 그랬던 것처럼 딥페이크는 이제 가정에서 누구나 영상을 조작할 수 있게 해 준다. 그리고 딥페이크는 조작 과정이 자동으로 진행되기 때문에 사람의 손을 거쳐야만 최종 결과물이 생성되는 포토샵과 달리 모두가 영상 조작을 잘할 수 있게 만들어 준다. 시각 미디어 조작 기술이 드디어 예술의 영역에서 벗어나는 것이다.

딥페이크, 심층적 자동화의 기술

이미지와 영상 조작이 인간의 손을 떠났다는 사실은 무엇을 의미하는가? 이전 시대와 차별화되는 딥페이크의 특징을 우리는 '심층적 자동화deep automation'라 부르고자 한다.

심층적 자동화는 디지털 시대를 주도했던 "선택의 논리logic of selection"[13]가 보다 높고 깊은 수준에서 '자동화'됨을 의미한다. 디지털 시대에 등장한 각종 이미지 소프트웨어들은 예술가가 지닌 심상과 이를 이미지로 만들어 내는 사회적 과정the social process을 분리하며[14] 예술가의 역량 못지않게 조작자의 역량을 중요한 것으로 만들었다. 예술가 마음에 품은 심상은 예술가의 손 기술과 상관없이 이미지 소프트웨어가 제공하는 스타일과 방법, 절차에 따라 다르게 표현될 수 있는 것이다. 최종적인 결과물은 예술가의 심상보다 이미지 소프트웨어의 기능이나 조작자의 역량에 따라 달라질 수 있다. 이때 조작자의 역량이란 무無에서 무언가를 새롭게 창작하는 능력이라기보다는 데이터베이스나 메뉴에 있는 기존 요소들을 선택, 조합하는 역량에 가깝다. 사진을 찍는 능력(생산의 능력)과 사진을 보정하는 능력(조작의 능력)이 동일하지 않으며, 때로는 조작 능력이 더 중요한 위치를 차지할 수도 있는 것이다.

딥페이크는 선택의 논리를 수행하던 조작자의 역량 없이도 이미지를 합성하고 조작할 수 있는 계기를 만들었다. 중요한 것은 데이터의 양과 품질이며, 인간의 역할은 어떤 데이터를 선택할 것인가 하는 가치 판단의 문제로 전환된다. 기존의 이미지 조작 소프트웨어 이용자가 프로그램에 저장된 메뉴를 선택하는 결정자였다면, 딥페이크 이용자는 기계에게 무엇을 학습하고 통제할 것인가를 명령하는, 가치 판단의 집행자가 되는 것이다. 요컨대 딥페이크 이용자가 결정할 것은 누구의 얼굴을 누구의 얼굴로 바꿀지의 문제일 뿐이다.

화가가 손으로 이미지를 생산하던 시대, 이미지 조작은

이미지 조작 기술의 계보적 특징과 핵심 논리

구분	매뉴얼 재현	화학적 재현	디지털 재현	알고리즘 재현
형식	회화	아날로그 사진, 아날로그 영상	디지털 이미지, 디지털 영상	디지털 이미지, 디지털 영상
조작 기법	투시 원근법, 유화	암실 기법, VFX	이미지 생성, 합성	기계학습
조작 도구	화구	암실 도구, VFX 장비	포토샵, CG 프로그램	딥러닝 알고리즘, GPU
수행자	전문가(화가)	전문가(사진가 등)	일반인, 전문가	일반인, 기계
수행자 역량	상상력, 테크닉	상상력, 테크닉	상상력, 테크닉	데이터 선별 (양, 품질)
핵심 논리	창작(creation)의 논리	수정(modification)의 논리	선택(selection)의 논리	심층적 자동화 (deep automation) 의 논리

* 출처: 최순욱·오세욱·이소은, 〈딥페이크의 이미지 조작: 심층적 자동화에 따른 사실의 위기와 푼크툼의 생성〉, 《미디어, 젠더 & 문화》, 34(3), 2019., 358쪽.

'창작의 논리'를 따랐다. 이미지 생성 기법과 조작 기법이 동일하고, 무엇을 어떻게 조작할 것인지를 화가가 자유롭게 선택할 수 있었기 때문이다. 빛의 화학적 기록이 이미지가 되던 사진의 시대, 이미지 조작은 '수정의 논리'를 따랐다. 이미지 조작은 원본 필름이나 인화물을 수정modification하는 것으로, 사진가는 제한된 수준에서만 이미지를 조작할 수 있었다. 이미지 처리 소프트웨어가 등장한 디지털 이미지의 시대, 이미지 조작은 '선택의 논리'를 따랐다. 합성된 이미지의 품질은 원본 위에 어떤 기능들을 적용하는가 하는 선택과 조합의 역량에 따라 달라졌다.

딥페이크는 창작과 수정, 선택의 과정을 모두 기계의 작업으로 '블랙박스화'하며 이미지 합성과 조작을 심층적으로 자동화하고 있다. 인간은 영상을 조작하라는 명령만 내릴 뿐 실제 작업 과정에는 관여하지 않고, 데이터만 충분히 양질이라면 이미지 조작은 인간의 능력에도 구애받지 않는다. 딥페이크의 시대, '누가 이미지를 조작했는가'를 넘어 보다 핵심적인 질문들을 던져야 하는 것은 이 때문이다. 딥페이크로 조작된 영상물에 대해서는 창작자가 누구인지보다 '창작의 의도'와 만들어진 결과물이 가져올 사회적 파급력을 묻는 것이 훨씬 더 중요하다. 이 책이 딥페이크가 활용된 다양한 사례에 주목하고 그 의미를 헤아려 보려는 것은 이러한 이유에서다.

허위정보와 사실의 위기

2022년 3월, 페이스북과 유튜브가 발칵 뒤집혔다. 러시아와 우크라이나의 전쟁이 한창 진행되는 와중, 볼로디미르 젤렌스키Volodymyr Zelenskyy 우크라이나 대통령이 자국민에게 '무기를 내려 놓으라'며 러시아에 항복을 선언하는 동영상이 업로드됐기 때문이다. 영상 속에서 초록색 상의를 입은 젤렌스키 대통령은 우크라이나 국가 문장이 그려진 배경 막을 뒤에 둔 채 러시아에 항복을 선언하고 있었다. 오래지 않아 이 영상은 친親러시아 해커로 추정되는 인물이 딥페이크를 활용해 만든 조작 영상이라는 사실이 밝혀졌다. 페이스북과 유튜브는 해당 영상을 플랫폼에서 삭제했고, 젤렌스키 대통령은 인스타그램과 텔레그램의 우크라이나 국방부 계정을 통해 해당 영상이 조작된 것이며 '무기를 내려놓고 귀국해야 하는 것은 러시아군'이라며 거듭 항전의 의지를 밝혔다.

영상 속 메시지가 평소 젤렌스키 대통령의 호소와 달랐고 영상이 조작됐음을 밝히는 대통령의 대응이 신속하게 뒤따랐기에 딥페이크 영상은 우크라이나 내 혼란을 가중하려던 본래의 '의도'를 달성하지 못했다. 조작된 영상의 질이 조악해서 사람들이 쉽게 영상이 가짜임을 알 수 있었던 덕도 컸다. 그러나 만약 조작 영상이 더 널리 유포되고 더 많은 사람들이 속아 넘어갔다면 어땠을까? 러시아-우크라이나 전쟁은 유례

(좌)조작된 젤렌스키 대통령 연설 영상 ⓒMikaelThalen 트위터
(우)이에 대한 해명 영상 ⓒZelenskyyUa 트위터

없는 '정보전information war'의 형태로 그 양상이 변화했을 것이다. 딥페이크를 통해 메시지의 화자를 바꾼 아주 단순한 계기가 전쟁의 형국을 바꿔 놓을 수도 있었던 셈이다.

이보다 앞선 2018년 5월, 벨기에에서는 중도좌파 계열의 '다른사회당Socialistische Partij Anders'이 당의 공식 트위터, 페이스북 계정에 〈트럼프가 모든 벨기에 사람들에게 보내는 메시지 #기후 변화협약〉이라는 제목의 동영상을 업로드했다. 영상에서 트럼프 전前 미국 대통령은 "나는 파리 기후 변화협약에서 탈퇴할 배짱이 있었다. 벨기에도 그래야 한다"고 말하며 벨기에가 탈퇴에 동의했으면서 아무런 조치도 취하지 않고 말만 하고 있다는 도발적 언사를 쏟아 냈다. 영상은 2만 회가 넘는 조회수를 기록하고 수백 개가 넘는 댓글이 달렸다.

하지만 이 영상은 다른사회당이 딥페이크를 활용해 일부러 조작한 영상이었다. 다른사회당은 기후 변화에 대한 사람들의 관심을 환기하고, 벨기에 사람들이 더 적극적으로 정부에 기후 변화 정책을 시행하도록 압력을 넣으려는 목적에서 영상을 만들었다고 밝혔다. 그러나 이러한 해명에도 불구하고, 다른사회당은 고의로 허위정보를 유포하려 했다는 비판에 직면할 수밖에 없었다. 플랫폼 계정이나 영상 화면에 조작에 대한 어떤 표시도 하지 않았기 때문이다. 다른사회당은 트럼프가 "우리 모두는 기후 변화가 이 영상처럼 가짜라는 것을 압니다"라고 이야기하는 장면이 영상에 포함돼 있다며 영상이 조작된 정보임을 누구나 알 수 있도록 했다고 주장했지만, 설득력을 얻기 어려웠다. 이 장면에만 네덜란드어 자막이 달리지 않고 소리 크기와 영상 밝기가 모두 줄어드는 등 교묘하게 조작 여부를 가리려는 시도 또한 확인됐기 때문이다. 말하자면, 트럼프가 벨기에 사람들에게 파리 기후 변화협약 탈퇴를 권유했다는 허위정보를 퍼트리려는 묵시적인 의도가 있었다는 것이다.

영상이 공개된 후 기후 변화에 대한 관심과 딥페이크를 통한 정보의 조작 중 무엇이 더 이슈가 됐을까? 정답은 후자다. 이 사건은 '사실 검증Fact-check'과 관련해 일반인은 물론이고 전 세계 언론의 큰 관심을 받았다. 2018년 6월 로마에서 열

딥페이크로 합성된 트럼프의 연설 장면 ⓒvooruit_nu 트위터

린 '글로벌 팩트 체크 서밋(Fifth Global Fact Checking Summit·
Global Fact Ⅴ)'에서 주요 사례로 소개되기도 했다. 악의를 가
지고 영상을 만든 것은 아니었지만 다른사회당은 결국 기후
변화에 대한 관심 제고라는 본래의 목적을 달성하지 못했을
뿐 아니라 딥페이크를 통해 자신의 입지를 강화하려 했다는
비판에서 벗어나지 못하게 되었다. 딥페이크를 통해 만들어
진 영상은 어쨌든 허위의 정보이기 때문이다.

　　두 사례는 딥페이크가 전례 없는 방식으로 사실성의 위
기를 초래하고 있음을 보여준다. 버즈피드에 올라온 오바마
대통령의 딥페이크 영상이 보여 주듯, 딥페이크의 활용 사례
로 가장 많이 언급되는 것은 정치인의 얼굴을 뒤바꿈으로써

가짜 정보의 유포를 시도하는 경우다. 정치와 정쟁政爭은 늘 정보를 둘러싼 싸움이었지만, 딥페이크를 통해 만들어지는 허위정보는 그간의 정보 조작과 양상이 다르다. 딥페이크는 전달되는 말의 내용 자체를 조작하기보다는 인물의 얼굴을 바꾸는 방식을 택한다. 이는 정보를 전달하는 '화자(메신저)'의 속성을 조작함으로써 사실성의 효과를 자아낸다. 딥페이크가 만들어낸 오바마 대통령의 연설 영상은 그 메시지가 다른 사람이 아닌 오바마 대통령을 통해 전달됐기 때문에 사람들의 관심을 끌 수 있었다. 트럼프의 메시지 또한 다른 사람이 아닌 트럼프의 발언이었기에 파급력을 가질 수 있었다. 젤렌스키 대통령의 항복 영상처럼 평소 인물의 모습 또는 발언과 메시지의 내용이 다를 경우에는 사람들이 쉽게 조작 여부를 판단할 수 있다. 그러나 메시지의 내용과 조작된 화자의 속성이 일치하는 경우, 혹은 이를 판단하기 어려운 경우에는 큰 혼란이 발생한다. 가령, 누군가가 악의로 특정 기업의 CEO가 기업 매각 의사를 밝히거나 한 국가의 수장이 전쟁을 선포하는 영상을 만들어 유포한다면 심각한 문제가 발생할 것이다.

더 큰 문제는 화자가 언제든 조작될 수 있다는 사실 자체가 사회적 신뢰를 무너뜨릴 수 있다는 점이다. 책《딥페이크: 다가오는 정보대재앙Deepfakes: The Coming Infocalypse》의 저자인 니나 시크Nina Schick는 딥페이크 영상이 언론에 대한 신뢰를 무너뜨릴 것이라 경고하면서, 특히 사람들이 모든 것이 조작일 수 있다고 믿기 시작하는 것이 큰 문제가 될 것이라 말한다.[15] 딥페이크 영상은 누구나 이를 만들어 낼 수 있다는 점에서 가장 강력한 형태의 시각 정보 조작이라는 것이다. 딥페이크는 메시지를 믿기 어려울 때 이를 전달하는 화자를 확인하는 방법으로 사실을 확인하던 관습을 무너뜨리며, 사람들이 보고 듣고 읽는 모든 것을 의심하게 만든다. 아직까지는 딥페이크를 통한 허위정보가 기술적 조악함으로 인해 쉽게 알아챌 수 있는 방식으로 전달되거나 조작된 당사자(화자)가 대체로 유명인이기에 바로 대응할 수 있는 형태가 대부분이었다. 그러나 일반인들의 대화나 거래에 딥페이크가 활용되는 경우, 딥페이크는 매개된 소통 자체를 늘 의심해야 하는 것으로 만들지도 모른다.

실제로 SBS 〈그것이 알고 싶다〉 제작진이 실험을 통해 딥페이크가 피싱과 같은 범죄에 활용될 수 있음을 확인한 바 있다. 제작진은 평범한 청년들의 얼굴을 병상에 있는 누군가의 얼굴에 합성해 마치 이들이 병원에 입원한 것 같은 영상을 만들고 이를 부모님에게 보내는 실험을 했다. 세 명 가운데 두 명의 부모님이 영상을 본 후 자녀들에게 신용카드 사진을 의심 없이 찍어 보냈다. 예외적인 메시지이지만 '내가 아는 얼굴'이 이를 전달하기에 정보를 믿은 것이다. 이러한 사례가 증가하면, 사람들은 화자가 등장하더라도 대면 소통이 아닌 이상 이를 믿지 않는 경향을 보이게 될 것이다. 딥페이크는 그럴싸한 영상으로 사람들을 '믿게 만드는' 것을 넘어, 정보의 사실성을 메시지로도, 화자의 얼굴로도 증명하기 어려운 대상으로 만든다. 이는 사실에 대한 신뢰 자체를 위기로 몰아넣는 일이다.

이처럼 딥페이크가 디지털 시대 허위정보의 첨병이 될 수 있다는 위기의식에서, 영국의 지상파 방송국 '채널4Channel 4'는 2020년에 한 편의 영상을 제작했다. 영상에서는 생전의 엘리자베스 2세 영국 여왕이 털기 춤을 추는 등 과장되고 우스꽝스러운 모습으로 성탄절 메시지를 전달한다. 채널4는 성명을 통해 "딥페이크 기술은 진실과 허위정보 간 전쟁에 새로이 등장한 무서운 전선"이라며, 이에 대한 경각심을 일깨우기 위해 딥페이크 영상을 만들었다고 밝혔다. 해당 영상은 딥페이크 환경에 대한 일종의 '풍자'였던 셈이다.

문제는, 풍자와 허위정보가 종이 한 장 차이일 뿐이라는 점이다. 러시아의 블라디미르 푸틴Vladimir Putin 대통령이 평화를 선언하는 모습을 담은 딥페이크 영상은 사람들이 곧잘 풍자로 받아들인다. 그러나 '건강 이상설'이 증폭되는 가운데, 푸틴 대통령이 건강한 모습으로 장기간 회의에 참석하는 모습이 영상으로 제공된다면 어떨까? 이는 사실일까, 허위일

딥페이크로 합성된 영국 여왕의 크리스마스 메시지 ⓒChannel4

까, 혹은 풍자일까? 이를 판단하는 일은 너무나 어려우며, 딥페이크 기술이 일반화될수록 딥페이크를 통한 허위정보의 도전은 더욱 복합적으로 변화할 것이다. 이에 대한 정보 생산자들, 그리고 이용자들의 대응은 아직 요원해 보인다. 그 사이, 딥페이크 기술은 더욱더 정교해지는 중이다.

포르노그래피와 조작된 정서

딥페이크가 적극적으로 활용되는 또 다른 분야는 포르노그래피 제작이다. 2017년 말, 'deepfakes'라는 닉네임의 이용자가 딥페이크를 활용해 할리우드 유명 여배우들의 얼굴을 포르노 영상에 합성해 레딧에 업로드한 이후 '딥페이크 포르노'는 마치 하나의 단어인 양 유행처럼 번져 나갔다. 'deepfakes'가 구글 이미지 검색, 사진 서비스, 유튜브 등 누구나 쉽게 접근할 수 있는 데이터만 활용했으며 소프트웨어도 텐서플로우 같은 오픈 소스만 사용했다고 밝혔기 때문에, 사람들이 '나도 할 수 있나?'하는 호기심으로 딥페이크 영상 제작에 뛰어들기도 했다.

딥페이크는 특정인의 얼굴을 포르노 배우로 둔갑시키는 데 널리 활용되고 있다. 네덜란드의 디지털보안연구소인 '딥트레이스Deeptrace'가 2019년에 조사한 결과 온라인에 유포되고 있는 딥페이크 영상물 중 96퍼센트가 불법 음란 영상물일 정도다.[16] 서구의 여배우들이 가장 많이 불법 합성의 대상이 된 가운데, K팝 아이돌 또한 조작 영상의 타깃이 되고 있다. 네덜란드의 AI 기업 '센시티Sensity'의 조사에 따르면, 딥페이크 포르노 사이트에 올라온 영상의 25퍼센트가 K팝 스타를 대상으로 하고 있다. 우리나라에서도 2018년 걸그룹 멤버의 얼굴이 성인 배우의 누드 영상에 교묘하게 합성된 영상이 소셜 미디어에서 급속도로 번졌던 사건이 딥페이크 기술에 대한 관심을 폭발적으로 증가시켰다 해도 과언이 아니다.

2019년에 딥트레이스는 어떤 웹사이트가 딥페이크 포르노를 호스팅하는지 추적했다. 그 결과 딥페이크 포르노물의 94퍼센트인 1만 3254개의 영상이 딥페이크 전용 포르노 웹사이트에 업로드된 것으로 나타났다. 딥페이크 포르노가

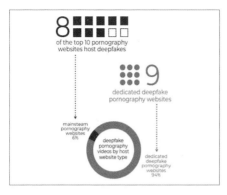

딥페이크 포르노를 호스팅한 웹사이트 유형 ⓒDeeptrace, 2019.

'특화된 상품'으로 비즈니스화되고 있는 것이다. 일반 포르노 웹사이트에 업로드된 영상은 6퍼센트인 802개로 많지 않았지만, 10개 웹사이트 중 여덟 개가 딥페이크 포르노를 포함하고 있어 딥페이크 포르노를 쉽게 접하는 환경이 만들어졌음을 알 수 있다.

　많은 언론이 딥페이크 포르노그래피의 위험성과 불법성에 대한 우려를 제기했고 여러 웹사이트가 딥페이크 관련 정보, 동영상의 게재를 금지했다. 그러나 여전히 일부 사이트는 딥페이크로 제작한 유명인의 포르노 영상을 배포하고 있다. 영상을 단순히 배포하는 것을 넘어 이용자들이 딥페이크 영상물 제작에 관한 정보를 공유하는 경우도 있다. 불법성에도 불구하고 딥페이크가 유명인 포르노그래피 제작에 활용되는 것을 완전히 막기는 매우 어려운 상황이다.

딥페이크 기술로 연예인이나 유명인이 아닌 일반인의 얼굴을 합성한 포르노 영상을 제작하는 경우도 상당하다. '더 팩트The Fact'의 보도에 따르면, 상당수의 트위터 계정들이 '지인 능욕', '지인 합성'과 같은 닉네임을 걸고 "돈과 사진을 보내주면 포르노에 해당 사진에 나온 인물의 얼굴을 합성해 주겠다"며 영업에 나서고 있다.[17] 우리나라에서는 코로나19 팬데믹 기간 중 학생들이 원격 수업을 진행하는 교사의 모습을 캡처해 딥페이크 앱으로 합성 사진을 만들어 유포하는 사건이 발생해 충격을 준 바 있다. 딥페이크가 불법적인 범죄 행위에 악용되는 사례는 갈수록 늘어나는 중이다.

일반인 대상의 딥페이크 포르노를 합법적으로 사업화하려는 시도도 있었다. 미국의 포르노 제작 기업 '노티 아메리카Naughty America'는 2018년 8월, 딥페이크를 이용해 고객이 원하는 이미지를 포르노 영상에 합성해 주는 서비스를 출시했다. 기업이 제공한 포르노 영상 속 인물의 얼굴을 자신과 바꾸는 방식으로, 서비스를 이용하려는 고객은 먼저 노티 아메리카에 딥페이크 합성에 필요한 본인의 얼굴 사진이나 동영상을 충분히 제공해야 한다. 가격은 동영상의 길이에 따라 수백 혹은 수천 달러로 달라진다. 노티 아메리카는 이 사업이 포르노그래피를 개인맞춤화customize하는 계기이자 딥페이크를 상업화monetize하는 시도라고 설명했지만, 서비스의 합법성 여부는 여전히 논쟁적이다. 고객이 보낸 영상이나 사진 속 인물이 딥페이크 포르노 제작 의뢰인과 동일인인지, 고객이 보내는 사진이나 영상 속 인물이 정말로 포르노 영상 제작에 합의했는지 확인하는 절차가 없기 때문이다. 이 때문에 온라인 매체 '더 버지The Verge'는 노티 아메리카의 사업은 불법일 가능성이 높다고 분석했다.[18]

딥페이크 포르노그래피의 사례는 딥페이크가 정서적 측면에서 이전과는 다른 독특한 효과를 자아내고 있음을 보여준다. 지인이나 평소에 내가 동경하던 스타가 일어날 수 없는 일의 주체로 등장하거나 포르노 영상처럼 의외의 맥락에서 나타나는 고품질의 영상은 보는 이에게 전과는 다른, 극대화된 정서적 경험을 가져다준다. 내가 모르는 이의 얼굴이 아니라 내게 익숙하거나 평소 좋아했던 얼굴이 등장하는 영상은 해당 영상을 시청하는 개인에게만 의미 있는 특별한 경험으로 존재하기 때문이다. 이 점에서 딥페이크를 통한 영상 조작은 정보의 사실성과 신뢰성의 문제를 넘어 이용 수준에서 나타나는 정서적 효과와 밀접하게 관련됨을 알 수 있다. 이러한 효과의 핵심은 영상 이용자가 조작하려는 대상과 평소에 맺어 왔던 '관계성'에 있다. 더 가깝고, 더 잘 알고, 더 좋아하고, 더 동경했던 사람이 영상에 등장할수록 수용자가 경험하는 정서적 효과는 커진다.

스투디움

- 내 지식, 내 문화의 결과로 내가 친근하게 지각하는 영역
- 평균적 정서(average affect)
- 지식, 시민성, 예의 등 교육의 산물
- 고전적인 정보체를 지시
- 의미화(to signify), 코드화(coded)
- 욕망의 자극(to waken desire)

푼크툼

- 스투디움을 깨버리거나 종결시키는 영역
- 나를 찌르는 사건
- 세부 사항, 부분 대상
- 비자발적인 깨달음
- 사실 이후에 드러나거나 추가되는 무엇
- 분위기
- 분석 불가능성

이를 고려하면, 영상에 딥페이크를 적용하는 것은 해당

이미지로부터 '푼크툼punctum'을 만들어 내는 과정이라 할 수 있다. 푼크툼은 프랑스의 기호학자 롤랑 바르트Roland Barthes가 제안한 개념이다.[19] 그는 사진이 자아내는 정서적 효과를 '스투디움studium'과 푼크툼의 두 차원으로 설명하면서, 사진이 전하는 '얼굴'의 분위기를 푼크툼의 전형적인 사례로 설명한 바 있다. 스투디움이 사진에서 느낄 수 있는 일반화, 범주화된 coded "평균적 정서average effect"를 의미한다면 푼크툼은 "나를 찌르는 사건"으로 다가오는 사진의 경험, 즉 개인의 경험이나 무의식과 상호작용하여 특정 계기에 강렬하게 발현되는 사진 경험의 속성을 뜻한다. 바르트는 흑인 가족사진을 보면서 그들이 사회적 신분을 상승시키기 위해 갖춰 입은 복장이나 치장보다 여자의 넓은 허리띠, 뒷짐 진 여자의 팔, 끈 달린 여자의 구두와 같은 세부적인 요소가 자신을 '찌르는' 것들로 다가온다고 이야기한 바 있다. 바르트가 사진을 보며 과거의 흑인 유모를 떠올리는 푼크툼을 경험했기 때문이다.

사진 속 얼굴의 분위기air는 도식적이지도 지적이지도 않으며 분석도 불가능한 푼크툼을 만들어 낸다. 이를 보는 것, 즉 사진 속 얼굴을 본다는 것은 곧 사진 속 인물의 정신과 혼 animula을 경험하는 것이며, 스투디움을 확인하는 수준을 넘어 스스로 푼크툼을 발견해 새로운 의미를 파악하는 계기가 된다. 푼크툼은 사진을 보는 이가 삶의 경험을 동원하게끔 하면

영화 〈써니〉에 걸그룹 얼굴을 합성한 영상 ⓒHallyBytes

서 스스로 사진의 의미를 구성해 가도록 한다. 바르트에 따르면, 사진의 진정한 본질은 바로 여기에 있다.

딥페이크가 등장인물의 얼굴을 내게 친숙한 누군가의 얼굴로 바꾼다는 사실은 보는 사람을 '찌르는' 푼크툼의 경험을 통제하고 전복하는 것이다. 누군가와 오랫동안 맺어 온 관계와 역사 덕분에 이들이 등장하는 영상은 원본 영상과 달리 이용자 개인의 특별한 기억을 불러 새로운 의미를 획득하게 된다. 설령 조작됐더라도 말이다. 이 과정은 사실을 왜곡하거나 정치적 인물을 풍자하는 것과는 거리가 멀다. 영상이 기대하는 효과가 사실의 차원보다는 개인의 정서적 경험을 극대화하는 차원에 집중되기 때문이다.

딥페이크가 허위정보 조작이나 포르노그래피 제작뿐 아니라 영상 속 인물을 연예인이나 지인의 얼굴로 바꿔치기하는

역대 미국 대통령 이미지를 이용해 만든 다메다메 영상
©English Rabisco

'놀이'에 이용되는 것 또한 이러한 이유에서일 것이다. 유튜브 검색창에 'Deepfake'라는 단어를 넣으면 매우 많은 영상이 검색되는데, 이 중 상당한 비중을 차지하는 것이 바로 미국의 유명 영화배우 니콜라스 케이지Nicholas Cage의 얼굴을 온갖 사람의 얼굴과 바꿔치기한 영상이다. 이들 영상에서 합성의 자연스러움이나 영상의 사실성은 전혀 중요하지 않다. 이 영상은 2000년대 말부터 케이지의 얼굴 이미지를 온갖 이미지와 합성하던 '밈meme'을 잇는 놀이일 뿐, 그 이상의 의미는 전혀 가지지 않기 때문이다. 〈Twice and Red Velvet in Gang Fight – deepfake〉라는 제목의 영상[20]처럼 좋아하는 연예인의 팬아트FanArt로서 딥페이크 영상을 만들거나 유튜브에서 유행했던 '다메다메' 밈[21]과 같은 사례도 마찬가지다. 이들 사례는 기술 가내화로 딥페이크 기술을 누구나 활용할 수 있게 되면서, 딥페이크가 이전 영상이나 조작의 대상이 되는 인물과의 관계성을 토대로 새로운 정서적 효과를 만들어 내는 도구가 되고 있음을 보여 준다.

딥페이크 영상이 자아내는 정서적 효과는 원본 이미지가 의도했던 정서를 전복하거나 변형한다. 이 점에서 딥페이크는 개인적 수준에서는 정서의 극대화일지 모르나 사회적 수준에서는 특정 이미지가 의도하는 정서를 개별적으로 날조하는 기술에 가깝다. 앞서 살펴본 정치적 인물을 바꿔치기하는 일이 '정보의 조작'과 관련된다면, 연예인의 얼굴을 합성하는 '놀이'나 포르노그래피는 이미지가 전하는 '정서의 조작'과 연결되는 셈이다.

감춰진 얼굴이 묻다

지금까지 살펴본 것처럼 딥페이크는 허위정보를 유포하거나 스타의 얼굴을 포르노에 합성해 유통하는 등 부정적인 사례에 주로 활용됐다. 이들 사례에서 확인할 수 있는 공통점은 딥페이크가 환영적 이미지의 생산을 목적으로 하지 않는다는 점이다. 그림과 사진, 영화의 이미지 조작이 더 사실적으로 대상을 재현하거나, 실재하지 않는 것을 사실적으로 전달함으로써 이미지를 더 나아 보이게 만드는 기술이었다면, 딥페이크는 환영적 이미지의 생산을 목적으로 하지 않는다는 점이 특징이다. 정보나 정서를 조작하기 위한 딥페이크의 이미지 조작은 사실성이나 창의력의 증진을 목표로 하지 않는다. 딥페이크가 만들어 내는 이미지가 특별히 매혹적이라서 새로운 스펙터클을 경험하게 하는 것도 아니다. 그런데 왜 딥페이크는 사회적으로 논란이 되었을까?

그 이유는 딥페이크 기술이 정체성의 도용-identity theft이라는 새로운 양상을 통해 사실을 왜곡하고 정서를 조작하는 효과를 자아내기 때문이다. 딥페이크는 허구의 세계를 창조하기보다는 실제 세계actuality를 조작하는 경우, 즉 실재하는 사람과 행동, 장소, 사건의 의미가 매우 중요한 경우들에 주로 사용된다. 이때 핵심은 사실적 영상에 등장하는 '인물'의 조작에 있다. 버즈피드에서 오바마의 얼굴을 한 조던 필이 "이 동영상에서 오바마가 하는 말을 믿지 마라"고 이야기했던 것처럼 딥페이크는 특정 주체가 전하는 정보나 행위를 진실로 받아들일 것인가의 문제에 집중된다. 조작된 포르노그래피에서도 효과의 핵심은 내가 알던 인물이 특정 행위를 실제로 수행하는 것처럼 느껴지는 데 있다. 즉, 이미지가 담고 있는 내용이 아니라 이미지 속 화자 또는 수행자의 정체를 바꿈으로써 메시지의 의미와 그 효과를 변화시키는 것이 딥페이크 조작 방식이며, 이 점이 기존의 이미지 조작 기술들과 딥페이크가 문화적 차이를 드러내는 지점이다.

나아가 이러한 조작 방식이 정체가 분명한 인물에 대한 '폭력'으로 작동한다는 점에 주목할 수 있다. 원본 이미지의 인물과 조작 이미지의 인물 둘 모두에 대한, 대응하기가 매우 어려운 방식의 폭력 말이다. 오바마나 젤렌스키 대통령처럼 쉽게 알아볼 수 있는 사람이라면 대응도 신속하게 이뤄지겠지만, 평범한 사람들의 얼굴이 합성되었을 때 이 문제는 더욱 커진다. 딥페이크 영상이 원본에 등장하는 인물과 조작된 영상에 등장하는 인물 누구에게도 얼굴 합성에 대한 동의를 얻지 않은 채 만들어지기 때문이다. 이로 인해 딥페이크에 의해 정체성이 도용됐음을 밝히고 드러내기가 매우 어렵다. 사전 정보가 없으면 사람들은 누가 진짜 정보의 화자인지를 알 수 없기에 영상이 조작임을 '입증'하기 위해서는 영상 속 인물이 해당 행위를 한 적이 없고 대신 그 행위를 한 당사자가 따로 존재함을 이중으로 밝혀내야 한다. 사실의 입증을 위해 검증돼야 하는 당사자가 언제나 쌍으로 존재하게 되는 것이다.

더욱 큰 문제는 이 한 쌍의 인물 중 어느 누구도 명의 도용이나 허위정보의 유포, 사실 왜곡, 정서의 조작과 관련한 의도를 갖고 있지 않았다는 점이다. 영상 제작자 또한 정체성 도용이나 명의 사칭의 당사자가 아니기에, 직접적 책임 여부에서 비껴갈 가능성이 크다. 이처럼 딥페이크가 메시지가 아닌 메신저의 조작, 즉 정체성 도용과 관련된다는 점은 이중의 피해자는 만드는 반면, 직접적인 가해자는 오히려 그 책임으로부터 사라지게 만드는 독특한 결과를 낳는다.

이로 인해 딥페이크 영상을 통해 누군가의 명예가 훼손됐을 때 피해자를 처벌하거나 훼손된 명예를 회복하기가 매우 어렵다. 동영상 속의 행동이나 발언을 실제로 한 원본 동영상의 인물을 특정하지 못하는 경우가 더 많기 때문이다. '나'의 얼굴이 딥페이크로 특정 영상에 합성됐을 때, '나'는 특정 행동을 하지 않았다고 주장하고 원본 영상의 인물은 본인이 그 행동을 했다고 실토해야 하는데, 원본 영상의 인물을 찾아내지 못할 경우, 딥페이크 영상 속의 행동을 '내'가 하지 않았다는 것을 입증하기란 매우 어렵다. 이런 문제는 포르노 영상에서 더 심각하게 나타날 수 있다. 예를 들어 본인의 얼굴이 일반인 불법 촬영 포르노, 이른바 '몰카' 영상에 합성됐을 경우 명예는 심각하게 훼손되지만, 명예를 회복하기 위해 원본 영상의 주인공을 찾는 일, 원본 영상의 주인공에게 불법 촬영 포르노의 주인공이 본인이라고 명백하게 이야기해 달라고 하는 것 모두 사실상 불가능에 가깝다. 이 문제는 데이터베이스에 존재하는 얼굴의 수가 증가할수록 더욱 심화할 것이다. 이론적으로 '모든' 사람이 특정 말이나 행동을 한 것처럼 조작할 수 있기 때문이다. 조작 대상이 유명인이 아니라 신뢰와 호감을 주는 다수의 불특정인으로 확대될 경우 문제는 더욱 커진다. 이는 결과적으로 누가 전달하는 정보를 믿고 믿지 않을 것인가와 관련된 사회적 혼란을 야기할 것이다.

요컨대, 허위정보나 포르노그래피처럼 정보 또는 정서의 조작과 관련하여 활용될 때, 딥페이크는 '드러난 얼굴'이 입은 피해를 회복하기 위해 '감춰진 얼굴'의 정체를 아울러 밝혀야만 하는 난제를 마주하게 된다. 대부분은 '드러난 얼굴'이 입은 피해에 집중하지만, '감춰진 얼굴' 또한 몸 또는 특정한 행위를 도용당했다는 점에서 만만찮은 폭력을 당한 것이라 할 수 있다. 딥페이크가 부정적 기술이라는 오명을 극복하기 위해서는 이와 같은 '이중의 폭력'에 대응하고 이를 방지할 장치가 필수적이다.

지금까지 우리는 딥페이크의 폭력적인 얼굴에 주목했다. 하지만 그것이 딥페이크의 전부일까? 딥페이크에 다른 면모는 없을까? 이 장에서는 딥페이크를 긍정적으로, 창의적으로 활용한 사례들을 집중적으로 살펴본다.

되살아난 인물, 비즈니스가 되다

2018년 프랑스 출신 비디오 아티스트 조셉 아이얼Joseph Ayerle 은 〈Un'emozione per sempre 2.0〉[22]이라는 4분 30초 남짓 길이의 영상을 발표했다. 1980년대 관능미로 주목받았던 이탈리아 여배우 오르넬라 무티Ornella Mutti가 주인공이다. 작품의 전반 2분가량은 그녀의 매력이 잘 드러나는 1970~1980년대 출연작의 장면들이 편집돼 흐른다. 이어 잠시 지직거리는 화면과 1인칭 시점에서 지하철 터널을 빠르게 달리는 장면이 지나가더니 이내 현재의 화려한 거리 모습과 함께 오르넬나 무티의 이미지가 다시 나타난다. 무티는 오늘날 뉴욕이나 파리의 패션쇼에서 볼 법한 화려하면서도 세련된 옷을 입고 있지만, 그녀의 얼굴이나 몸에서 세월의 흔적은 전혀 느낄 수 없다. 영상은 다시 30여 년 전 출연작 속 그녀의 모습과 아이폰, 패션잡지 《보그Vogue》 등 현재의 물건과 매치된 21세기 무티의 모습을 교차해 보여준 후 마무리된다. 동영상의 제목인 'Un'emozione per sempre'은 '영원한 감동'이라는 뜻이다.

조셉 아이얼은 이 작품을 만들기 위해 딥페이크 기술을 적용했다. 영상 후반에 나오는 젊은 오르넬라 무티의 모습은 그녀의 얼굴과 현세대 미국의 인기 모델이자 인스타그램 스타인 켄달 제너Kendall Jenner의 몸을 각각 학습해 합성한 것이다. 영상 제작을 위해 사용된 사진은 2000장 정도며, 기계학습을 위한 라이브러리로는 구글의 텐서플로우를 활용했다.

작품 설명은 이렇다.

"그녀는 돌아올 것입니다. 만약 우리가 시간 여행을 할 수 있다면 어떻게 될까요? 젊고 아름다운 이탈리아 여배우(오르넬라 무티)는 … (중략) … 이 선택지를 얻게 됩니다. 그렇게 섹시한 이탈리아 영화배우는 2018년으로 시간 여행을 떠납니다. 이 영화는 1980년대 분위기와 Z세대 스타일의 충돌이며 우리 자신에 대해 이야기합니다. 자가 학습 인공신경망(AI)을 사용한 덕분에 이번 시간 여행은 할리우드 영화 규모의 예산을 들이지 않고 실현됐습니다. AI는 오르넬라 무티의 얼굴을 계산해 인스타그램 스타 켄달 제너의 몸에 합성(mapping)했습니다.[23]

사실 오르넬라 무티의 얼굴과 제너의 몸이 합성된 장면이 작품 전체에서 차지하는 비중이 10퍼센트도 안 되기 때문에 〈Un'emozione per sempre 2.0〉은 딥페이크 '기술'의 관점에서 보면 그다지 대단하지 않다. 기술적 완성도도 떨어진다. 젊은 무티가 나오는 장면을 정지시켜 보면 얼굴과 몸이 완벽하게 맞지 않아 얼굴만 둥둥 떠 있는 것처럼 보인다. 유튜브에 검색만 해도 볼 수 있는 많은 아마추어 딥페이크 영상보다도 어설프다. 현란한 배경과 각종 효과, 화면 전환이 없었다면 이런 결점이 너무나 뚜렷하게 보였을 것이다. 하지만 미디어 기술 및 미디어아트 연구자인 시젝Cizek, 우리치오Uricchio, 올로진Wolozin에 따르면, 이 작품은 딥페이크 기술을 예술에 활용한 첫 번째 사례라는 데 의미가 있다.[24] '과거(1970~1980년대의 무티)와 현재(Z세대 풍의 무티)의 충돌'이라는, 딥페이크가 사람들에게 줄 수 있는 예술적 영감의 가치가 합성 자체의 낮은 수준을 뛰어넘고 있는 것이다.

이 작품은 '인간과 인공지능의 공동 창작co-create'이라는 관점에서도 우리에게 생각할 거리를 제공한다. 딥페이크와 같은 인공지능을 콘텐츠의 창작에 활용했을 때, 기계의 창조성을 인정할 수 있는지의 문제 말이다. 17세기 계몽사상의 토대를 닦은 르네 데카르트René Descartes는 이에 대해 '절대 아니'라고 답했을 것이다. 오직 인간만이 이성적 사고를 통해 의식적인 행위를 할 수 있으며, 인간이 아닌 동물은 본능만을 따르는 자동 장치와 같다고 보았기 때문이다. 동물이 이럴진대 기

조셉 아이얼의 〈Un'emozione per sempre 2.0〉 ©Joseph Ayerle
VideoArt

계는 말할 것도 없다. 하지만 데카르트 이후 수백 년간 천천
히, 특히 AI가 개발되기 시작한 20세기 후반부터[25]는 상대적
으로 빠른 속도로 이에 반하는 견해가 형성되기 시작했다. 동
물이나 기계를 동일한 입력값에 언제나 동일한 출력값을 제
공하는 도구로 사용하지 않는다면, 어느 정도 그 창의성을 인
정해 줄 수 있다는 것이다. 심지어 최초의 프로그래머인 에이
다 러브레이스Ada Lovelace는 1840년대에 이미 "엔진(기계)는 어
느 정도의 복잡성이나 범위를 가진 정교하고 과학적인 음악
을 작곡할 수 있다"고 말한 바 있다.[26]

 사실 시젝 등이 딥페이크를 주목한 것은 인간과 비非인
간 사이의 공동 창작이 가능한가를 연구하기 위해서였다. 하
지만 유감스럽게도 첫 번째 딥페이크 아티스트 조셉 아이얼

은 데카르트의 견해를 따르고 있다. 그는 시적 등과의 인터뷰에서 딥페이크가 "단순한 도구"였을 뿐이며, AI는 "무엇인가를 만들어 낼 수는 있지만, 창조적이지는 않다Create, but It is not creative"고 평가했다.[27]

하지만 아이얼이 첫 번째 딥페이크 예술 작품을 내놓은 지 단 5년이 지난 지금, 그의 AI에 대한 평가에 대한 의구심이 계속 커지고 있다. 두 얼굴을 바꿔치기하거나 A의 얼굴을 B의 몸에 붙이는 딥페이크 기술이 글로 명령만 하면 그에 해당하는 글이나 그림, 영상 등을 자동으로 만들어주는 '생성 AIGenerative AI' 기술로 발전하고 있기 때문이다. 'StyleGAN'이라는 생성 AI 기술을 이용한 웹사이트 'This Person Does Not Exist'[28]가 한 사례다. 이 사이트는 접속하거나 웹브라우저의 새로고침 버튼을 누를 때마다 새로운 얼굴 사진을 보여준다. 놀라운 점은 나타나는 얼굴이 모두 임의로 생성한, 현실에는 존재하지 않는 얼굴이라는 점이다. 전문가가 아니고서는 이 얼굴들이 기계로 합성됐다는 것을 알아채기가 지극히 어렵다.

이미 생성 AI가 초래하는 지각변동이 시작된 상태다. 특히 미술계가 그렇다. 2021년 6월 미술계의 미국의 유명 잡지 《코스모폴리탄》과 영국 경제지 《이코노미스트》는 생성 AI가 만들어 낸 그림을 표지로 채택했다. 같은 해 8월에는 생성 AI

This person does not exist에서 제공하는 임의 생성 얼굴들
ⓒThis person does not exist

로 제작한 웹툰 〈염소들Goats〉이 북미 네이버 웹툰 플랫폼에서
연재를 시작했고 미국 콜로라도주에서 열린 미술 대회에선
AI로 그린 출품작이 사람이 인간을 제치고 디지털 아트 부문
1위를 수상하는 일도 있었다. '창작은 인간의 전유물'이라는
개념 자체가 흔들리고 있다.

　'달리2DALL-E2'나 '미드저니Midjourney'와 같은 이미지 전
용 생성 AI 플랫폼의 인기도 폭발적이다. 2022년 서비스를 시
작한 달리2에서는 벌써 매일 200만 개 이상의 이미지가 생성
되고 있고, 미드저니의 공식 디스코드Discord 서버에 등록한 회
원 수는 300만 명을 돌파했다.[29] 이미지뿐만이 아니다. '메타
Meta'는 지난 2022년 9월 텍스트만 입력하면 그 내용을 반영
한 동영상을 만드는 '메이크 어 비디오Make-A-Video' 기술을 공
개했다. 구글도 이에 질세라 '이매진 비디오Imagine Video'라는
이름의 동영상 전용 생성 AI를 개발 중이라고 밝혔다. 이 외에

'미드저니를 통한 제이슨 앨런'의 〈스페이스 오페라 극장(Theatre D'opera Spatial)〉. 콜로라도 주립 박람회 미술대회 디지털아트 부문에서 1등을 차지하면서 논란이 되었다. ⓒMidjourney

도 간단한 모티프만 입력하면 이와 관련된 산문을 출력해 주는 '노벨 AINovel AI', 홀로 AIHolo AI' 등과 같은 텍스트 생성 AI, 구글의 '마젠타Magenta'와 같은 작곡 및 음악 생성 AI도 활발히 개발되며 사용자층을 넓혀 가고 있다.

이런 상황에서도 우리는 AI를 과연 조셉 아이얼과 같이 '도구'에 불과하다고 단정할 수 있을까? 만일 그렇지 않다면, 즉 기계가 무엇인가 새로운 것을 만들어 낼 수 있다면 그 창의성은 어디에 기인한 것인가? 데이터 학습 알고리즘을 개발한 엔지니어에게서 유래한 것인가, 아니면 학습할 데이터를 제공한 수많은 사람들로부터 만들어진 것인가. 그것도 아니라면 예술가(AI 이용자)와 AI의 관계에서 창의성이 발생하는 것인가? 이는 딥페이크뿐만 아니라 모든 AI를 이용한 작업과 관련해 점점 더 강하게 제기되는 의문들이다.

어쨌든 영상 속 누군가의 얼굴을 다른 사람으로 바꿀 수 있는 딥페이크 기술은 엔터테인먼트 업계의 큰 관심을 받고 있다. 이미 고인이 된 배우의 새로운 연기 장면을 연출하거나, 이제는 노인이 된 인물의 젊은 시절 모습을 영상 속에서 되살릴 수 있는 기술에 호감을 보이지 않는 사람이 업계에 있을 리 없다.

영상 엔터테인먼트 업계에서 딥페이크를 활용한 대표적인 사례는 2021년 러시아의 통신회사 '메가폰Megafon'의 광고 영상[30]이다. 턱시도를 차려입은 왕년의 할리우드 액션 스타 브루스 윌리스Bruce Wilis가 요트에 실린 폭탄 더미에 묶여 있다가 강한 러시아 억양으로 내뱉은 "미시시피"라는 말로 폭탄의 카운트다운을 멈추는, 그의 전형적인 이미지를 이용한 평범하기 그지없는 광고였다. 하지만 이내 이 광고는 전 세계 영화계의 상당한 관심을 끌었다. 브루스 윌리스가 비록 머리카락이 하나도 없는 건 동일하지만, 지금보다 열 살은 젊은 모습으로 등장했을 뿐만 아니라 이미 건강 문제로 그가 제대로 된 연기 생활을 지속할 수 없는 상태라는 이야기가 돌던 상황이었기 때문이다.

많은 사람들이 짐작했던 대로 이 광고에는 딥페이크 기

브루스 윌리스의 딥페이크를 이용한 메가폰 광고 ⓒmegafon

술이 사용됐다. 영상 제작은 러시아 딥페이크 전문 제작사 '딥케이크Deepcake'가 맡았다. 딥케이크는 그와 비슷한 외형의 러시아 배우에게 연기를 하게 한 다음 그의 얼굴에 브루스 윌리스가 출연했던, 약 200여 편의 영상을 통해 학습한 얼굴을 덧씌웠다고 설명했다. 딥케이크의 CEO 마리아 샤미르Maria Chmir에 따르면, 처음 인공신경망에 브루스 윌리스의 얼굴 특징을 학습시키는 데 15~17일 정도 걸리는데, 이후에는 작업 속도가 증가하기 때문에 3~5일이면 4K 화질의 영상을 제작할 수 있다고 한다.

2016년에 개봉했던 영화 〈로그 원: 스타워즈 스토리 Rogue One: A Star Wars Story〉도 딥페이크와 유사한 기술을 사용한 사례다. 이 영화는 1977년에 나온 〈스타워즈 에피소드 4: 새로운 희망Star Wars Episode Ⅳ: A New Hope〉의 프리퀄prequel인만큼 두 명의 같은 캐릭터가 출연한다. 문제는 설정상 프리퀄 영화의 스토리와 40년 전의 영화의 스토리가 시차 없이 바로 이어진다는 데 있었다. 두 배우 중 시리즈 전체의 주인공을 연기한 캐리 피셔Carrie Fisher는 너무 나이가 들어 영화를 찍을 수가 없었고, 다른 주요 조연인 피터 쿠싱Peter Wilton Cushing은 이미 1994년에 사망한 상태였다. 결국 제작사는 두 배우의 캐릭터 모두를 대역 배우가 촬영하도록 하고, 과거 배우들의 영상에서 데이터를 추출해 모델링한 컴퓨터 그래픽으로 얼굴을 바꿔치기 했다. 덕분에 프리퀄 영화의 관객들은 40년 전의 향수를 만끽할 수 있었다. 딥페이크와 조금은 다른 기술을 사용했던 이유는 시기 때문이었다. '딥페이크'라는 이름이 붙은 기술 자체는 2017년 즈음부터 활용되기 시작했는데, 영화 제작이 결정되고 촬영된 시점은 그보다 훨씬 이전이기 때문이다. 그럼에도 불구하고 이 영화에서 사용한 기술이 딥페이크와 유사하다는 점은 틀림이 없다.

앞선 사례들이 이런저런 이유로 대역 배우의 몸에 덧씌워진 얼굴을 강조하기 위해 딥페이크 기술을 사용했다면, 2020년에 발표된 미국 다큐멘터리 영화 〈웰컴 투 체첸Welcome to Chechnya〉은 완전히 반대의 목적으로 딥페이크를 사용했다. 2010년대 후반, 러시아 연방의 이슬람 국가 체첸공화국에서는 대대적인 동성애자 단속을 벌여 100여 명이 감금, 고문당하고 이 중 일부는 사망하는 사건이 발생했다. 이런 위험천만한 상황에서 체첸의 동성애자들은 외국으로 망명을 시도하는데,〈웰컴 투 체첸〉은 당시 목숨을 걸고 체첸을 빠져나가려는 동성애자들과 그들의 탈출을 돕는 러시아 LGBT 활동가들의 모습을 담았다. 이 다큐멘터리에는 23명의 동성애자와 활동가들이 인터뷰 대상으로 등장하는데, 감독은 이들의 신변 보호를 위해 딥페이크 기술로 얼굴을 의도적으로 흐리게 처리하거나 조금씩 다른 모습으로 바꿨다. 본래의 얼굴을 지우는 목적이 강조된 것이다.

사실 다큐멘터리 영화에서 딥페이크 기술을 사용할 수 있는지는 지극히 논쟁적인 사안이다. 최대한 객관적으로 사실을 기록함으로써 특정한 주제 의식을 드러내는 것이 다큐멘터리라는 장르의 정체성이기 때문이다. 따라서, 다큐멘터리 제작 과정에서 영상에 인위적인 조작을 가하는 것은 작품 전체의 진실성, 신뢰성의 기반을 스스로 무너뜨리는 일일 수 있다. 더구나 인터뷰이의 얼굴을 가려 누구인지 알 수 없도록 하는 것은 다큐멘터리 감독이 전혀 없는 사실을 만들어 낼 수 있는 수단이 될 수도 있다. 실제로 1990년대 영국의 ITV가 국제 마약 밀매 루트를 추적하는 방송을 촬영하며 대역을 고용해 마약왕을 인터뷰한 것처럼 조작한 사례가 있었다. 물론 인

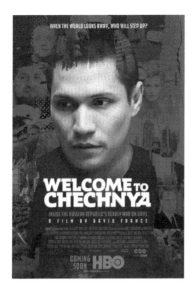

웰컴 투 체첸 포스터 ©David France

터뷰이의 신원을 보호하기 위해 얼굴을 보이지 않게 하거나, 편집 과정에서 모자이크, 또는 형태 정도만 확인할 수 있도록 블러blur 처리하는 것은 흔하게 사용되는 방법이다. 하지만 특정한 목적을 위해 얼굴을 가렸다는 걸 확실하게 드러내는 기법과, 의식적인 노력을 기울이지 않으면 바뀐 얼굴인지 아닌지 알기 힘들도록 딥페이크 기술을 적용하는 것은 완전히 다른 문제다.

하지만, 〈웰컴 투 체첸〉의 감독 데이비드 프랑스David

France는 딥페이크 기술을 사용하는 것이 다른 기법을 사용하는 것보다 훨씬 낫다고 본다. 그는 이 방식으로 "인터뷰 대상자들이 자신의 이야기를 설명할 수 있고, 다른 상황에서는 불가능했을 방식으로 그들의 인간성을 회복시켜 준다"고 말한다.[31] 얼굴과 드러나는 표정을 통해 생각과 감정을 더 잘 전달할 수 있다는 말이다. 그리고 다큐멘터리의 진실성과 관련된 문제에 대해서는 다음과 같은 의견을 밝혔다. "(딥페이크와 같은 기법이) 덜 정직하거나 윤리적이라고 말한다면, 다른 모든 다큐멘터리 제작도 마찬가지다, 이는 제작 과정에 대한 신뢰의 문제다." 미국 샌프란시스코주립대학교San Francisco State University 명예교수이자 다큐멘터리 분야 선구자인 빌 니콜스Bill Nichols도 《뉴욕타임스》와의 인터뷰에서 〈웰컴 투 체첸〉에서는 "얼굴을 통해 영혼이 드러나는 것을 볼 수 있다"며 딥페이크가 복잡한 정서적 애착을 허용하면서도 인터뷰 대상자의 정체성을 숨기는 새로운 '부드러운 가면soft mask'이 될 수 있다고 말했다.[32]

이처럼 딥페이크가 영상 제작 과정에 매우 다양한 목적으로 활용될 수 있다 보니, 이에 대한 업계의 관심도 지속적으로 높아지는 상태다. 이를 잘 보여 주는 것이 앞서 언급했던 브루스 윌리스의 메가폰 광고와 관련된 해프닝이다. 그는 2022년 3월에 실어증과 대본을 제대로 외울 수 없을 정도의 인지 문제로 은퇴한다고 발표했는데, 약 6개월 후 영국 언론 《데일리메일Daily Mail》, 《텔레그래프The Telegragh》 등에 윌리스가 딥케이크에 그의 얼굴 데이터에 대한 이용 권리를 판매했다는 뉴스가 실렸다. 보도대로라면 딥페이크 기술을 바탕으로 건강 상태와는 상관없이 계속 연기 활동을 하는 초특급 액션 배우가 등장한 것이니 할리우드 영화계는 순식간에 달아올랐다. 하지만 윌리스의 대변인은 곧장 "브루스 윌리스는 초상권이나 얼굴 데이터와 관련해 딥케이크와 어떤 합의도 한 적이 없다"고 밝혔다. 딥케이크 역시 "메가폰 광고 제작 당시 딥케이크는 메가폰과 브루스 윌리스 간의 계약에 대한 제3자로서 얼굴 데이터 제작만 담당했을 뿐, 그의 얼굴 데이터 계약과 관련해 아는 바가 없다"고 발표하면서,[33] 잠깐이나마 딥페이크 커뮤니티와 영화업계를 떠들썩하게 만들었던 사건은 마무리됐다.

브루스 윌리스의 사례는 비록 뜬소문이었지만 많은 영상 엔터테인먼트 기업들이 딥페이크 기술이나 인력을 보강했다는 '진짜' 소식이 심심치 않게 들려온다. 예를 들어 디즈니는 산하 스튜디오Disney Research Studio를 통해 직접 딥페이크 기술을 지속적으로 개발·개선하고 있다.[34] 루카스필름의 특수효과 전문 기업 ILM은 뒤에서 언급할, 수준급의 딥페이크 영상을 전문적으로 업로드하던 유튜버 '샴묵Shamook'을 직접 고용하기도 했다.

진짜 얼굴 vs. 가상의 얼굴

이쯤에서 궁금한 점이 생긴다. 유명 배우의 얼굴 데이터만 사용할 수 있다면 배우의 나이에도, 건강에도, 구애받을 필요가 없다. 그렇다면 모든 영상을 딥페이크로 대체하는 게 낫지 않을까? 제작사 입장에서는 직접 배우를 기용하지 않아도 되기에 출연료를 훨씬 줄일 수 있다. 또한 관객들이 원하는 배우의 나이대를 선택해 출연시킬 수도 있고, 심지어는 죽은 배우도 언제든지 스크린에 불러올 수 있다. 배우의 입장에서도 촬영에 따르는 이런저런 불편함과 위험을 겪을 필요가 없거니와, 직접 출연할 때보다 더 많은 작품에 출연할 수 있게 된다. 부족한 능력을 대역이 보완해 줄 수도 있을 것이다. 이렇게 장점이 많은데 대체 왜 딥페이크 기술이 모든 영상을 장악하지 못하는 것일까?

　　첫 번째 이유는 딥페이크 기술의 효율성이 그렇게까지 높지 않기 때문이다. 디지털 영상을 제작하는 과정에는 영상에 대한 데이터를 우리가 실제로 볼 수 있는 영상으로 만들어내는 렌더링rendering 작업이 필요한데, 이 렌더링 작업에 어마어마한 컴퓨팅 파워와 시간이 소요된다. 일례로 1993년에 공개된 영화 〈쥬라기 공원〉의 경우 공룡의 3D 모델을 렌더링하는 작업에 하나의 프레임당 네 시간 이상이 걸렸고, 특히 비를 맞고 있는 티라노사우르스의 장면은 한 프레임을 렌더링하는 데 여섯 시간이 소요됐다.[35] 영화는 초당 24프레임으로 제작되는데, 영화나 드라마, 시리즈물 같은 장편 영상을 모두 대역을 통해 촬영하고, 대역의 얼굴을 프레임별로 일일이 딥페이크로 수정한 다음에 이 영상을 다시 몽땅 렌더링하는 것이 과연 처음부터 비싼 돈을 주고 유명 배우가 직접 촬영하도록 하는 것보다 나은 일일까?

두 번째 이유는 딥페이크를 통해 고화질 영상을 제작하기에 (최소한 현재는) 어느 정도 기술적 한계가 있기 때문이다. 딥페이크 기술은 개발 과정에서 화질을 높이는 것보다 얼굴 특징을 자연스럽게 바꾸는 것에 초점을 맞추는 경향이 높았기 때문에 최종적으로 산출된 영상의 화질이 원본보다 열화되는 경우가 많다. 애초부터 고화질 TV나 영화관 같은 대형 스크린을 상정하고 개발된 기술이 아니라는 뜻이다. 2020년 디즈니 리서치 스튜디오가 처음으로 1024x1024의 메가픽셀 해상도로 딥페이크 영상을 제작할 수 있는 기술을 개발했지만, 최근 4K 가정용 TV와 모니터가 보편화하고 있고, 8K 영화도 등장하고 있다는 것을 생각하면 아직 FHD(1920x1080) 해상도도 지원하기 버거워하는 딥페이크 기술을 영상 업계가 전면적으로 적용할 수는 없는 노릇이다.

마지막 이유는 가상 배우Virtual Actor 기술의 발전이다. 대역조차 없이 처음부터 배역에 맞는 완벽한 외모를 갖고 감독의 의도와 한 치의 오차도 없이 움직이는 배우를 만들어 기용하는 기술이 이미 상당히 개발돼 있다. 최근 인기가 높은 슈퍼 히어로 영화들에서 우리가 보는 인물들, 캐릭터의 상당수는 인간 배우에 전혀 기대지 않은 데이터들이다. 실제 사람처럼 움직이고 말하는 캐릭터를 처음부터 만들 수 있는데 굳이 얼굴을 바꾸는 작업을 해야 할까?

이러한 한계 때문에 딥페이크 기술의 활용은 아마추어 영상 제작자들이 활동하는 커뮤니티에서 훨씬 더 활성화돼 있다. 딥페이크를 이용해 영상 속의 얼굴을 바꿔치기하는 건 이미 유튜브와 같은 동영상 플랫폼에서는 잘 알려진 '놀이'로 자리 잡았다. 사실, 딥페이크 기반의 포르노 영상들만큼 이 기술을 대중에게 알리는 데 혁혁한 공을 세운 것이 바로 서로 관련은 있지만 완전히 다른 유명인의 얼굴을 서로 바꿔치기한 딥페이크 영상들이다. 영화 〈람보Rambo〉의 주연인 실베스터 스탤론Sylvester Stallone의 얼굴을 그와 여러모로 비견되는 배우 아놀드 슈워제네거Arnold Schwarzenegger의 얼굴로 바꾼다든가, 반대로 영화 〈코만도Commando〉에 출연한 슈워제네거의 얼굴을 스탤론의 얼굴로 바꾼 것들이 이런 사례에 속한다. 물론 딥페이크 기술이 등장하기 전에도 이와 비슷한 놀이는 있었다.

람보의 몸에 합성된 코만도의 얼굴 ⒸDesiFakes

하지만 2000년대 말 이전까지 이런 놀이는 대부분 스틸 이미지를 기반으로 이뤄졌다. 하지만 딥페이크 기술이 알려지면서 이 놀이의 영역이 동영상으로까지 넓어졌다. 이 놀이에서 '사람들이 얼굴이 바뀌었다는 것을 모르게' 하는 것이나 '최대한 자연스럽게 튀지 않도록' 얼굴을 바꾸는 것은 중요하지 않다. 의외의 몸에 의외의 얼굴을 붙임으로써 어색함, 코믹함을 드러내는 것이 목적이기 때문이다. 영상의 질이 높지 않아도 되기 때문에 이 기술에 흥미를 가진 사람들은 너도나도 이런 종류의 영상을 만들어 유튜브에 업로드했고, 결과물이 트위터, 페이스북 등을 통해 확산하면서 딥페이크 자체의 인지도도 높아졌다.

　　아마추어 딥페이크 영상 제작자들이 늘어나다 보면 좀더 높은 품질의 작품을 만들어 보고 싶은 사람도 나오는 법이

톰 홀랜드와 로버트 다우니 주니어의 얼굴로 합성된 영화 〈백 투더 퓨처〉의 한 장면 ⓒEZRyderX47

다. 이들은 이내 좋아하는 연예인이나 아이돌이 관련된 팬아트FanArt로서의 딥페이크 영상을 만들기 시작했다. 2020년에 등장한 〈Robert Downey Jr and Tom Holland in Back to the future〉 영상이 대표적 사례다.[36] 1985년 개봉 영화 〈백 투더 퓨처Back to the Future〉의 두 주인공인 마이클 J 폭스Michael J. Fox와 크리스토퍼 로이드Christopher Lloyd가 얼굴을 마주 보며 서로 대화하는 장면을 딥페이크로 수정한 것인데, 제작자는 젊은 폭스의 얼굴에 톰 홀랜드Tom Holland의 얼굴을, 로이드의 로버트 다우니 주니어Robert Downey Jr의 얼굴을 합성했다. 홀랜드와 다우니가 마블Marvel 슈퍼히어로 영화 시리즈에 유사 부자 관계로 나와 큰 인기를 끌었던 것을 반영해 둘의 얼굴을 역시 비슷한 관계를 보이는 〈백 투더 퓨처〉 속 배우의 몸에 붙인 것이다.

2023년 현재 아마추어 커뮤니티, 특히 유튜브를 중심으로 한 딥페이크 영상 제작은 더 이상 아마추어라고 하기 어려운 수준으로 발전했다. 유튜브 이용자들은 일반적인 영화나 드라마보다 훨씬 짧은 길이의 영상을 선호하기 때문에 유튜브 영상 제작자들은 '영혼을 갈아 넣은' 수준의, 짧지만 고품질의 딥페이크 영상을 만든다. 대형 화면에서 유튜브를 시청하는 경우가 적기 때문에 고화질 영상을 제작하기 어렵다는 현재 딥페이크 기술의 단점도 크게 작용하지 않는다.

대표적인 사례가 앞서 디즈니 리서치 스튜디오에 고용됐다고 언급했던 유튜버 '샴묵'이다. 샴묵은 주로 사람들이 잘 아는 영화나 드라마를 이용한 딥페이크 영상을 제작해 왔는데, 큰 관심을 모았던 것 중 하나가 〈로그 원: 스타워즈 스토리〉 원본 영화에 합성된 CGI 캐리 피셔의 얼굴을 실제 캐리 피셔의 사진을 이용한 얼굴 데이터로 바꾼 영상이다. CGI 피셔의 얼굴보다 딥페이크 피셔의 얼굴이 훨씬 자연스러웠기 때문에 화제가 됐다. 2018년에 리부트된 영화 〈툼 레이더Tomb Raider〉 주인공의 얼굴을 2001년 원 시리즈의 주인공이었던 안젤리나 졸리Angelina Jolie의 얼굴로 바꾼 샴묵의 영상도 큰 인기를 끌었다. 이런 영상들은 샴묵이 ILM에 고용되는 발판이 됐

안젤리나 졸리의 얼굴로 합성된 영화 〈툼 레이더〉(2018)의 한 장면
©Shamook

다. 기술의 단점이 상대적으로 덜 중요하게 작동하는 아마추어 중심의 온라인 커뮤니티가 앞으로도 상당 기간 딥페이크 영상 제작의 핵심 기반이 될 것으로 보인다.

지금까지는 딥페이크 기술을 긍정적, 창의적으로 활용하는 사례 중에서, 진짜 사람의 얼굴을 다른 진짜 사람의 얼굴로 바꾸는 경우를 살펴보았다. 하지만, 이와는 좀 다르게 가상의 얼굴을 만들어 놓고 이를 진짜 얼굴과 바꾸는 경우도 나타나고 있다. 아니, 정확하게 말하자면 최근에는 이러한 종류의 얼굴 바꾸기 기술이 산업계에서 더 활발하게 사용되고 있다.

2021년 7월 국내의 한 금융사는 〈라이프에 놀라움을 더하다〉라는 30초 길이의 영상 광고를 TV와 유튜브 등으로 내보냈다. 키가 크고 한국 사람은 확실한 것 같지만 어딘가 이국적인 얼굴의 젊은 여성이 건물 옥상이나 거대한 온실, 지하철 등에서 흥겨운 음악에 맞춰 춤을 추다 캐치프레이즈와 금융사 로고가 떠오르고 광고 영상은 끝난다. 화면은 화려했지만, 젊은 여성의 이미지를 이용한 흔한 광고였기 때문에 나온 직후에는 사람들의 관심을 끌지 못했다. 하지만, 일주일 후부터 이 광고는 점점 더 사람들의 입소문을 타기 시작했다. 광고 속에서 신나게 춤을 추던 모델 '로지OH!_ROZY'가 콘텐츠 제작사 싸이더스 스튜디오가 제작한 가상의 인간, 이른바 '버추얼 인플루언서virtual influencer'임이 밝혀졌기 때문이다.

버추얼 인플루언서는 기업이 마케팅을 목적으로 생성한 캐릭터로, 실제 사람처럼 성별, 나이, 성격 등과 같은 정체성과 관련된 특징이 '설정'돼 있다. 예를 들어 로지는 서울에서 태어나 패션과 환경 보호에 관심이 많은, 영원히 22살인 대한민국의 여성으로, 일본의 해적 만화 〈원피스〉를 좋아하고 '오씨'라는 이름의 반려 과일을 키운다. 버추얼 인플루언서들은 이러한 설정에 맞게 인스타그램, 페이스북 등에서 다양한 마케팅 활동을 전개한다. 로지 이외에도 이미 전 세계 마케팅 업계에서는 수백 명의 버추얼 인플루언서들이 활동 중이다. 2018년 타임 선정 인터넷에서 가장 영향력 있는 25인에 뽑힌 '릴 미켈라Lil Miquela', 일본의 패션 슈퍼스타 '이마

(좌)버추얼 인플루언서 로지 ⓒrozy.gram
(가운데)릴 미켈라 ⓒlilmiquela
(우)이마 ⓒimma.gram

Imma' 등이 대표적이다. 우리나라에서도 로지 이후 스마일게이트가 제작한 '한유아', LG전자의 '김래아' 등 버추얼 인플루언서들이 잇달아 등장했다.

버추얼 인플루언서들의 얼굴은 정교하게 기획되고 제작된 것이다. 일례로 로지의 얼굴은 10대와 20대가 좋아하는 특징을 바탕으로 디자인됐다. 이른바 MZ세대라고 하는, 마케팅의 타깃들이 친숙하게 받아들일 수 있도록 주근깨와 같은 자연스러운 요소들을 적극적으로 포함했다. 제작사는 로지가 개성적이면서도 친근하게 느껴지도록 만들기 위해 6개월가량의 시간을 들여 얼굴 윤곽과 머리카락, 주름 등을 구상했다고 한다. 여기에 더해 로지가 다양한 감정을 표현할 수 있도록 800개 이상의 표정도 만들었다.[37]

하지만 버추얼 인플루언서의 몸은 이와 다르다. 대부분

의 경우 해당 버추얼 인플루언서의 설정과 부합하는 몸을 가진 모델이 먼저 촬영을 하고, 이후 모델의 얼굴을 버추얼 인플루언서의 얼굴로 대체한다. 광고 속에서 춤을 추는 로지의 몸 역시 콘티에 따라 춤을 춘 안무가의 몸이었다. 일본의 패션 버추얼 인플루언서 '이마'의 광고 사진 역시 모델의 얼굴을 '이마'의 얼굴로 교체한 것이다. 이렇게 하는 이유는 대부분 시간과 비용 때문이다. 버추얼 인플루언서의 몸 전체와 옷가지, 액세서리 등 몸에 걸친 광고의 대상들을 자연스럽게 합성해내는 건 많은 자원이 드는 일이고, 혹여라도 합성에 실수가 발생했을 경우 광고의 품질에 치명적인 타격을 입을 수도 있다. 이에 비해 '얼굴만' 자연스럽게 교체하는 것은 상대적으로 쉽다. 이것이 바로 버추얼 인플루언서의 특징인 '얼굴과 몸의 기묘한 분리'가 나타나는 원인이다.

가상의 얼굴이 묻다

시장조사업체 '나스미디어NASMEDIA'는 2022년 전 세계 인플루언서 마케팅 시장 규모를 150억 달러로 추산했는데, 이 중 상당 부분을 버추얼 인플루언서가 차지할 것으로 봤다. 이들을 이용한 광고, 마케팅 프로젝트가 늘어나는 이유는 무엇일까?

첫 번째는 '안전'이다. 버추얼 인플루언서는 제작사의

완벽한 통제 아래 있다. 음주 운전이나 마약 복용으로 광고주나 제품의 이미지에 먹칠을 하는 일도 없고, 아프거나 다쳐서 광고나 마케팅 프로젝트 일정에 차질을 주는 경우도 없다. 버추얼 인플루언서만큼 그 성실함을 신뢰할 수 있는 모델은 없다. 두 번째는 '자유로움'이다. 버추얼 인플루언서는 무無에서 창조된 인물이기 때문에 무엇에도 구애받지 않고 자유롭게 내러티브와 특징을 설정할 수 있다. 실제 인간이라면 모든 사람이 좋아하는 특징만 가지는 것은 불가능하다. 하지만 버추얼 인플루언서라면 이론상으론 가능하다. 마지막은 '신선함'이다. 버추얼 인플루언서는 존재 자체만으로도 소비자의 흥미를 끈다. 로지가 등장한 광고는 유튜브 공개 이후 20여 일만에 누적 조회수 1000만 회를 기록했다.

하지만 이는 어디까지나 마케팅 차원의 이야기다. 릴 미켈라나 이마, 로지의 합성된 가상의 얼굴은 우리에게 '주체성subjectivity'과 '정체성identity'에 대한 질문을 던진다. 주체성이란 어떤 존재가 자신의 의지로서 어떤 대상에 작용하려는 자세이며, 정체성은 '내'가 누구인지에 대한 인식, 즉 스스로에 대한 자각이나 존재에 대한 깨달음을 말한다. 이 둘 중 버추얼 인플루언서에 있는 것은 정체성이다. 제작사들은 버추얼 인플루언서들의 정체성을 형성하는데 큰 공을 들인다. 보는 사람들이 매력을 느낄 수 있게 하기 위해서다. 그리고 거의 모든 버추얼 인플루언서들의 정체성은 '주체성이 있는' 것으로 설정된다. 예를 들어 릴 미켈라의 관심사는 인권과 성 평등이며, 로지는 환경 보호에 관심이 많다. 주체적으로 무엇인가를 할 수 없는 수동적인 캐릭터에 매력을 느끼는 사람은 그렇지 않은 사람들보다 적기 때문이다. 수동적인 광고 모델을 기용해 브랜드에 주체적이지 못하다는 이미지를 덧씌우고 싶은 브랜드가 있을까?

하지만 주체성이 있다고 설정된 버추얼 인플루언서는 사실 주체성을 가질 수 없다. 주체성은 주체가 되려는 노력의 '역사'를 통해 확립되는 것이기 때문이다. 하지만 만들어진 가상의 얼굴에는 역사가 있다는 주장만 있을 뿐 실제 시간이 흐르며 형성된, 주체가 형성돼 온 역사가 반영될 수 없다. 사람들은 역사가 있다는 주장을 실제 역사로 받아들일 만큼 어리석지 않다. 이것이 버추얼 인플루언서들이 비록 나름의 인기를 끌고, 마케팅 분야에서 어느 정도 자리를 잡아 가고 있다고 해도 인간 인플루언서, 모델을 완전히 대체할 수 없는 이유다. 사람들은 개인의 역사 속에서 정체성과 주체성을 형성한 개체로서, 다른 사람들도 각자의 역사를 통해 비슷한 과정을 겪었다는 것을 알고 있기 때문이다. 그렇다면, 만들어진 얼굴을 가진, 버추얼 인플루언서는 역사성을 가질 수 있는 방법이 전혀 없는 것일까? 다음의 사례를 보자.

'코드미코CodeMiko'는 이른바 '버추얼 스트리머virtual streamer'다. 버추얼 스트리머는 본인이 아닌, 움직이는 2D 혹은 3D 캐릭터를 통해 방송을 진행하는 인터넷 방송인을 말한다. 실제 코드미코는 한국에서 태어나 어린 시절 미국으로 이민을 간 한국계 미국 여성이지만 인터넷 방송에서는 젊은 여성 게임 캐릭터의 얼굴과 몸으로 모습을 바꿔 토크 위주의 방송을 진행한다. '초대형 비디오 게임에 출연하는 게 꿈인, 비디오 게임 세계에 사는 캐릭터'라는 설정이다. 코드미코는 풀바디 모션 트래킹full body motion tracking 장비를 활용해 상당히 높은 수준으로 얼굴과 몸을 실시간으로 변경한다. 나름의 설정을 만들어 그대로 모습을 바꾼다는 점은 앞서 언급했던 다른 버추얼 인플루언서들과 동일하다. 하지만 다른 버추얼 인플루언서들과 코드미코의 근본적인 차이는 코드미코가 가상의 얼굴이 대체한 본인의 진짜 얼굴을 숨기지 않는다는 점이다. 라이브로 풀 바디 모션트래킹 방송을 할 때면 화장실에도 갈 수 없기 때문에 방송을 할 수 있는 시간이 4~5시간에 불과하다. 이 때문에 코드미코는 모습을 바꾼 방송을 하지 않을 때는 카메라 앞에서 실제 본인의 모습을 드러내고 방송을 진행한다. 현재 현실의 코드미코는 아예 '기술자The Technician'라는 캐릭터로 모션 트래킹 방송과 관련된 여러 기술적 이슈나 모습을 바꾼 방송을 준비하는 과정을 스트리밍한다. 코드미코의

(좌)버추얼 스트리머 코드미코(CodeMiko)
(우)이의 기술자인 미코(Miko the Technician)의 모습
ⓒCodeMiko

시청자들은 코드미코가 얼굴이 바뀐 버추얼 스트리머와 실제 모습을 오가는 것에 별다른 위화감이나 불만을 느끼지 않는다.

코드미코는 버추얼 스트리머와 실제 모습을 자연스럽게 오간다. 또한 버추얼 스트리머의 방송이 어떻게 준비되는지를 시청자에게 지속적으로 보여 주면서 코드미코만의 독특한 정체성과 주체성을 확립한다. 게임 캐릭터의 얼굴이 실제의 얼굴을 완전히 지우는 게 아니라 실제 얼굴을 캐릭터의 역사성을 확립해 가는 장치로 활용하는 것이다.

이와 비견할 수 있는 우리나라의 사례는 버추얼 유튜버 '루이Rui'다. 루이는 '돕 스튜디오dob Studio' 소속으로 여러 유명한 노래를 커버하는 영상이 주요 콘텐츠다. 루이는 몸과 목소리는 실제 사람이지만 얼굴은 딥페이크로 합성된 가상 얼굴로 활동하고 있다. 루이도 코드미코처럼 가상의 얼굴 뒤에 실제 얼굴이 있다는 것을 숨기지 않는다. 차이점은 실제 얼굴을 보여 주는 경우가 없다는 것이다. 가상의 얼굴에 대한 특별한 정체성을 설정하지 않았다는 점도 다르다. 루이는 자신이 원래부터 가수 지망생이었으며, 얼굴 등 노래가 아닌 다른 것에 구애받지 않고 즐겁고 자유롭게 음악을 하기 위해 얼굴을 바꾸고 활동한다고 말한다. 이는 본래 얼굴의 정체성과 주체성을 말하는 것이다. 이런 맥락에서 루이는 사람들에게 본인의 역사성을 강조할 필요가 없다. 대체된 가상의 얼굴을 통해 역사성이 있는, 원래의 얼굴을 드러내고 있기 때문이다.

이처럼 일부 버추얼 인플루언서, 스트리머들은 본인만의 독특한 방법으로 자신의 역사성을 드러내며 정체성과 주체성을 쌓아 가고 있다. 하지만 이러한 방법은 버추얼 인플루언서들이 마케팅 영역에서 각광 받는 이유와는 거리가 있다. 대체된 가상의 얼굴이 아닌, 원래의 얼굴을 드러낼수록 제작사의 완벽한 통제와 자유로운 설정에서 멀어지기 때문이다. 현재로서는 완벽하게 통제되고 자유롭게 설정되는 가상 얼굴이, 충분한 역사를 통해 형성되는 정체성과 주체성을 가질 수 있는 방법이 있는지 불투명하다.

폭력과 창작 사이,
무엇을 해야 하나?

무엇이 문제인가?

지금까지 딥페이크 기술의 특징과 딥페이크를 통한 폭력 및 창작의 사례를 살펴보았다. 폭력성과 창작성이라는 딥페이크의 두 얼굴을 통해 알 수 있었던 것은 딥페이크로 얼굴을 바꾸는 것이 인간 정체성 및 주체성과 관련해 새로운 문제를 야기하고 있다는 사실이다.

딥페이크는 영상 속 화자나 행위자가 지닌 고유의 정체성을 얼굴 바꿔치기라는 손쉬운 방식을 통해 전복한다. 이는 본래의 화자가 전달했던 신뢰와 정보의 진정성을 훼손하고, 수용자와 관계성을 지닌 인물이 영상 속 행위를 하는 듯한 느낌을 준다. 이는 독특한 정서적 효과로 이어진다. 어떤 경우든, 원본 영상의 화자와 조작된 영상에 활용된 얼굴 이미지 주인의 동의를 얻지 않고 딥페이크 영상이 제작되는 경우가 많기 때문에, 두 사람의 정체성 모두를 도용하는 문제가 발생한다. 딥페이크는 '드러난 얼굴' 뿐 아니라 '감춰진 얼굴'의 정체성과 권리를 어떻게 보호할 것인가의 문제와 관련되는 셈이다. 딥페이크로 인한 정체성 도용의 문제를 쉽사리 해결할 수 없는 것은 이 때문이다.

한편, 최근 딥페이크가 고인이 된 영화배우를 재현하거나 버추얼 인플루언서 등을 제작하는 데 쓰이면서 기술의 긍정적 쓰임새에 대한 기대감 또한 커지는 중이다. 아직은 기술적 발전 정도나 비용 효율성 면에서 한계가 존재하지만, 딥페이크를 영화 제작이나 마케팅 등에 활용하려는 시도는 더욱 많아질 것이라 예상된다. 문제는 딥페이크를 통해 되살아나거나 새롭게 태어난 인물을 독립적이고 사회적인 주체로서 인정하고 수용할 수 있을 것인가 하는 지점이다. 고인이 된 영화배우를 딥페이크로 제작한 경우, 이 배우가 수행한 연기의 주인은 본래의 영화배우인가, 대역 배우인가, 아니면 딥페이크 제작자인가? 버추얼 인플루언서는 '영원히 22살'이라는 설정처럼 오랜 시간 동안, 다른 인플루언서들처럼 이용자들과 허물없이 소통할 수 있을까? 딥페이크가 창작의 도구로 자리 잡는 과정에서는 이 기술로 만들어진 얼굴이 비즈니스와 마케팅 수단을 넘어 창작의 주체이자 행위의 담보자로서 인정받을 수 있는지의 문제가 필연적으로 대두할 것이다. 창의성의 주체로서 인간의 고유성을 어떻게 해석하느냐의 문제와 더불어서 말이다.

무엇을 하고 있나?

이러한 문제들에 우리 사회는 어떻게 대응하고 있을까? 아직까지 학계와 산업 현장의 움직임은 딥페이크로 인한 정체성 도용과 허위정보 확산 등의 부작용에 대응하는 데 집중돼 있다. 딥페이크와 창작의 문제는 기술과 사례를 개발해야 하는 긍정적인 사안으로 인식되거나 생성 AI를 둘러싼 예술적, 미학적 논의를 필요로 하는, 기술 전반에 대한 근본적이고 철학적인 의제로 여겨지기 때문일 것이다. 그렇다면 딥페이크로 인한 폭력의 문제에 대응하기 위해 어떤 해결책이 논의되고 있을까? 플랫폼 사업자와 같은 인터넷 서비스 산업의 노력과, 학계를 중심으로 개발되는 대응책을 기술적 차원, 법적·제도적 차원, 사회적 차원으로 살펴보려 한다.

사후적 대응에 멈출 수밖에 없는 플랫폼

딥페이크에 대한 산업적 대응이 필요하다는 논의는 2017년 12월, 인터넷 언론인 '마더보드Motherboard'의 한 기사로 촉발됐다. 해당 기사는 레딧에 딥페이크로 인한 포르노 영상이 게시되고 있음을 문제 삼았다.[38] 레딧은 이듬해 2월 'r/deepfakes'와 같은 딥페이크 관련 커뮤니티인 서브레딧subreddit을 폐쇄하는 것으로 논란에 대응했다. 포르노 배우의 얼굴이 여배우의 얼굴로 바꿔치기 된 영상처럼, 등장인물의 '명시적 동의explicit consent' 없이 제작됐음이 명백한 포르노그래피의 제작과 유통을 막겠다는 방침의 일환이었다. 이어 '포르노허브Pornhub'와 '트위터Twitter', '지피캣Gfycat'과 '디스코드' 등의 플랫폼이 딥페이크 검색 관련 키워드를 금지하고, 플랫폼에 딥페이크 영상을 게재할 경우 별도의 고지 없이 이를 삭제하고 업로더의 활동을 금지하겠다는 방침을 밝혔다. '구글Google'도 '비자발적 합성 포르노 이미지involuntary synthetic pornographic imagery'와 관련된 검색 결과에 대해 차단을 요청할 수 있도록 정책을 업데이트했다.[39] 젤렌스키 대통령의 항복 영상이 공개되었을 때 '메타Meta'는 '오해의 소지가 있는 미디어 조작에 대한 자사 정책을 위반했다'는 이유로 영상을 신속히 검토해 삭제했고, 유튜브 또한 허위정보에 대한 자사 정책을 위반했다는 이유로 조작 영상을 삭제했다. 고인故人의 사진을 영상으로 복원하는 서비스를 제공하는 마이헤리티지는 자사 서비스가 살아있는 인물의 모습을 조작하는 용도로 악용될 것을 우려해 이용자들에게 살아 있는 사람의 사진을 올리지 말라고 경고하고, 아무나 사용할 수 있도록 서비스를 제공하지는 않을 것임을 밝힌 바 있다.

영상을 삭제하거나 금지한 플랫폼 사업자들의 대응은 나쁜 목적을 갖고 제작되지 않은 제작된 여타 딥페이크 영상들이 여전히 해당 플랫폼에서 배포, 유통될 수 있도록 한다는 점에서 이례적인 조치다. 한편으로는 그만큼 여러 플랫폼들이 딥페이크 기술의 잠재적 위험성과 악용 가능성을 깊이 우려하는 것으로 해석된다. 문제는 플랫폼의 대응이 대부분 딥페이크 관련 키워드를 금지하거나, 플랫폼 사업자가 수동으로 식별해 삭제하는 방식에 의존하고 있다는 점이다. 이러한 방법은 일면 효과적이지만 모든 악의적 콘텐츠를 처리할 수 없다는 점, 사용자가 악의적 영상을 발견하여 신고할 때쯤이면 이미 영상이 대량으로 유통되었을 가능성이 크다는 점에서 한계가 있다. 특히, 딥페이크 관련 자료나 영상을 업로드하고 유통하는 '모든' 이용자들을 추적할 수 없다는 점에서 사후적인 대응이라는 한계가 대두한다. 영상 제작의 직접적 책임이 없는 플랫폼 사업자가 딥페이크가 야기하는 문제들에 적극적으로 대응한다는 점에서는 충분히 의미가 있지만, 기계가 스스로 딥페이크 영상을 만들어 내기 시작하는 상황에서 이용자의 신고에 의존하는 플랫폼의 대응은 한계를 가질 수밖에 없다. 실제로 다수의 딥페이크 커뮤니티가 레딧의 정책적 대응 이후에도 상당 기간 운영된 바 있다.

아울러 플랫폼의 대응은 사업자마다 기준이 상이하다. 같은 사업자도 시기나 대상 영상에 따라 정책이 달라질 수 있다는 점에서 딥페이크 관련 문제의 근본적인 해결책이 되기 어렵다. 미국의 낸시 펠로시Nancy Pelosi 하원의장이 술이나 약에 취한 것처럼 보이도록 조작된 동영상이 퍼졌을 때의 사례가 이를 보여 준다. 딥페이크가 활용된 것은 아니지만, 영상의 속도를 늦춰 악의적으로 메시지를 조작했던 이 영상에 대해 유튜브와 페이스북은 각기 다르게 대응했다. 유튜브는 미디어 관련 정책을 위반했다는 이유로 해당 영상을 삭제했지만, 페이스북은 '일부 허위정보partly false'라는 경고 문구만을 단 채 영상을 지우지 않았다. 영상이 조작됐다는 점은 인정되지만 '페이스북에 올린 정보가 사실이어야만 한다는 규정은 없다' 는 점이 그 이유였다.

딥페이크 기술과 탐지 기술의 쫓고 쫓기는 게임

AI 기술을 통해 딥페이크 합성 여부를 탐지하려는 시도도 여러모로 이뤄지고 있다. 딥페이크 탐지 기술은 현재도 활발하게 연구되는 분야인 만큼, 앞으로 더욱 발전된 논리가 개발될 것으로 기대된다. 주요 탐지 기술의 기본 원리는, 적어도 현재까지는, 크게 세 가지로 구분할 수 있다.[40]

첫째는 인간의 생리적 특징을 감지하는 것이다. 딥페이크가 얼굴 이미지를 바꿀 때 기초적인 형태 이외에 안색이나 얼굴 그림자와 같은 신체적 특징을 제대로 반영하지 못하는 점을 활용해 조작 여부를 판별한다. 가령, 미국 뉴욕올버니대학교State University of New York at Albany의 시웨이 류Siwer Lyu 교수팀은 2018년 6월 눈 깜빡임을 통해 딥페이크 영상을 판별하는 방안을 제안한 바 있다.[41] 연구팀에 따르면 딥페이크가 스틸 이미지를 기반으로 사람들의 얼굴을 학습하기 때문에 합성 영상에서는 눈을 깜빡이는 것과 같은 생리학적 신호가 잘 나타나지 않으며, 나타나더라도 동작이 매우 부자연스럽다고 한

눈 깜빡임을 활용한 원본 영상(위)과 딥페이크 합성 영상(아래)의
식별. 원본 영상에서는 6초 이내에 눈 깜빡임이 탐지되지만, 합성
영상에서는 이러한 생리학적 활동이 발생하지 않는다.
ⓒLi, Chang & Lyu, 2018.

다. 가령, 아래 그림에서 보듯 대개 6초 이내에 한 번은 발생
하게 되는 눈 깜빡임이 딥페이크 합성 영상에서는 나타나지
않는다. 류 교수팀은 이와 같은 신호를 자동으로 탐지하는 알
고리즘을 적용함으로써 영상의 조작 여부를 판별할 수 있다
고 밝혔다.

2020년 인텔이 미국 빙햄톤대학교Binghamton University와
공동으로 개발한 기술도 이런 유형에 속한다.[42] 피부에 빛을
비춰 혈류 흐름을 관찰하는 'PPG(photoplethysmography)'기
술을 활용해 딥페이크 영상을 탐지하는 것이다. 해당 기술은
영상에 등장하는 사람 얼굴의 32개 지점에서 생체 신호를 측

정해 불일치나 노이즈를 확인함으로써 조작 여부를 판단한다. 인텔은 이 기술이 테스트 환경에서 딥페이크 영상에 대해 97.3퍼센트의 탐지 정확도를 보였다고 발표했다.

둘째는 딥페이크 합성 이미지에서만 발견되는 독특한 흔적artifacts을 찾아내는 것이다. 현재 딥페이크 알고리즘은 제한된 해상도의 이미지밖에 생산할 수 없다. 따라서 원본 영상에 나오는 원래 얼굴과 가짜 얼굴을 매치하기 위해 추가적인 변경이 필요하다. 이러한 변형의 결과로 딥페이크 영상에는, 인간의 시각으로는 구분할 수 없지만, 숨길 수 없는 흔적이 남게 된다. 가령, 아래 그림[43]에서 여성의 머리와 자동차 지붕, 말의 뒤편에 있는 반점은 합성 이미지에서만 뚜렷하게 발견할 수 있는 흔적이다. 많은 연구자들은 이 흔적을 식별하는 알고리즘을 개발해 영상의 원본성을 확인하고, 딥페이크 조작 여부를 판별한다. 이러한 흔적은 특히 이미지 분석에 특화된 인공신경망의 유형인 '컨볼루션 신경망CNN'을 통해 효과적으로 포착할 수 있기 때문에 딥페이크의 기반 기술인 생성적 적대 신경망을 활용하는 것보다 작업 속도가 빠르고, 컴퓨터가 처리해야 하는 계산량도 적다. 실제 테스트에서도 합성 영상 식별율이 높은 것으로 나타나 딥페이크 탐지 기술의 효율성을 높인 것으로 평가된다.[44]

셋째는 주파수frequency 기반의 감지 방법이다. 이미지는

합성 이미지의 흔적을 활용한 딥페이크 영상의 식별
©Karras et al., 2020

크게 공간 영역spatial domain과 변환 영역transform domain으로 구분
된다. 공간 영역은 우리에게 익숙한 화소pixel로 표현되고, 변
환 영역은 화소 밝기의 변화 등이 푸리에 변환Fourier Transform을
통해 주파수의 변동계수coefficient로 표현된다. 이미지 경계나
객체의 모서리처럼 색상이나 밝기가 자주 변화하는 영역은
주파수가 높고 배경이나 객체 내부처럼 색상이나 밝기가 거
의 변하지 않는 영역은 주파수가 낮다. 아래 그림에서 보듯,
고주파 영역에서는 진짜 이미지와 딥페이크 이미지의 파워
스펙트럼이 확연한 차이를 보이기 때문에 이를 활용해 원본
성을 판별할 수 있다.[45] 이러한 방식은 딥페이크 이미지의 '병
합' 단계가 '추출'이나 '합성' 단계에 비해 ANN을 활용하지
않고 상대적으로 덜 정교하다는 특징을 이용한 것이다.

　학계뿐만 아니라 상당수의 기업도 딥페이크 탐지 기술
개발에 적극적으로 참여하고 있다. 온라인 데이터 분석 및 예
측 플랫폼인 '캐글Kaggle'이 2019년 개최한 대회, '딥페이크 식

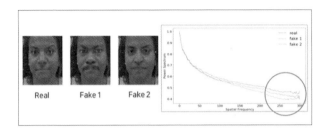

원본 영상과 딥페이크 영상의 주파수 영역 파워 스펙트럼 비교
©Durall et al., 2020.

별 챌린지Deepfake Detection Challenge'가 대표적이다.[46] 총 상금 100
만 달러가 걸린 이 대회는 딥페이크가 활용된 조작 미디어를
식별하는 신기술 개발을 촉진하기 위해 시작됐다. 페이스북,
MS, AWS 등 13개국, 100여 개 파트너들이 결성한 'AI의 미디
어 무결성 운영위원회 파트너십Partnership on AI'을 중심으로 대
회가 꾸려졌다. 파트너십에 소속된 기업들이 학습 데이터를
제공했고 2114명의 참가자가 총 3만 5109개의 탐지 모델을
제작하여 출품했다. 제출된 모델들의 평균 조작 이미지 식별
률은 70퍼센트였으며, 최고는 83퍼센트에 달했다.

　　이보다 앞선 2018년에는 GIF 이미지 플랫폼인 지피캣
Gfycat이 색인을 생성해 콘텐츠를 분류, 관리하는 AI 기술을 조
작된 콘텐츠를 자동으로 찾아내고 삭제하는 데도 활용한 바
있다. 이는 고양이의 이름을 딴 두 가지 프로젝트, '앙고라 프

로젝트Project Angora'와 '마루 프로젝트Project Maru'를 통해 진행됐다.[47]

앙고라 프로젝트는 이용자가 업로드한 GIF 영상보다 더 해상도가 높은 GIF 영상을 웹에서 찾고 이를 자동으로 대체하는 솔루션이다. 딥페이크 합성 영상의 해상도가 그다지 높지 않기 때문에 앙고라 프로젝트가 합성 영상을 해상도가 더 나은 버전으로 자동 업데이트할 경우 합성 영상은 삭제되고 원본 영상만 플랫폼에 남게 된다.

마루 프로젝트[48]는 이용자가 영상에 태그를 달지 않았을 때 AI 기술이 영상에 등장한 인물을 식별하여 자동으로 태그를 다는 솔루션이다. 딥페이크 합성 영상의 경우 얼굴 프레임이 완전히 맞지 않기 때문에 마루 프로젝트가 태그를 달기 위해 얼굴을 식별하는 과정에서 해당 영상의 조작 가능성을 탐지하게 된다. 이 경우 지피캣은 자동으로 해당 영상에서 조작이 의심되는 얼굴 부분을 가린 채 나머지 신체와 배경이 등장하는 영상을 인터넷에서 검색한다. 만약 검색 결과 얻은 원본 영상과 GIF의 얼굴이 일치하지 않으면 AI는 해당 GIF가 합성, 조작됐다는 결론을 내릴 수 있다.

딥페이크 탐지 기술을 개발하기 위한 스타트업의 노력도 활발하다. 네덜란드의 기업 딥트레이스는 바이러스 백신 소프트웨어처럼 소셜 미디어나 검색 엔진의 백그라운드에서

지피캣 마루 프로젝트에서 활용되는 얼굴 인식 및 태깅 기술의 예
ⓒLiao, 2017.12.14.

작동하면서 시청각 미디어를 스캔하는 딥페이크 탐지 소프트
웨어를 개발한 바 있다.[49] 딥트레이스는 딥페이크를 단순한
얼굴의 교체가 아니라 인체 움직임을 모방하고 사람의 음성
을 합성하는 기술로 폭넓게 정의하고 사이버 보안에 상당한
위험을 초래하는 기술로 간주한다. 딥트레이스는 바이러스
백신 프로그램처럼 딥페이크에 항시 대응 가능한 시스템을
기존의 사용 환경 위에서 구축하는 것이 중요하다고 강조하
면서 기존 플랫폼의 인터페이스와 데이터 파이프라인을 활용
하는 등, 플랫폼과 통합할 수 있는 형태의 탐지 기술을 만드는
중이다. '트루픽Truepic'[50]이나 '세릴레이Serelay'[51]와 같은 스타트
업 또한 이미지 캡처 시 대상 이미지의 진위 여부를 확인할

수 있도록 하는 응용 프로그램을 구체화하고 있다.

상술한 기술들이 딥페이크 탐지를 위한 완벽한 기술은 아니다. 눈 깜빡임을 활용한 탐지 기술은 딥페이크가 이미지를 학습하는 과정에 눈을 감은 이미지를 추가하는 것으로 쉽게 우회할 수 있고, 픽셀 불일치나 낮은 해상도처럼 딥페이크 영상의 조악한 품질을 활용한 탐지 기술은 딥페이크가 더 많은 이미지를 학습하면서 무력화될 가능성이 크다. 해당 탐지 기술이 해상도나 품질이 낮은 이미지에만 제한적으로 작동할 수 있다는 뜻이다. 지피캣의 앙고라, 마루 프로젝트는 원본 영상이 없으면 조작 여부에 대한 식별이 불가능하다는 한계를 가진다. 즉, 지피캣의 프로젝트는 수많은 중복 이미지가 웹을 떠도는. 유명인사의 영상 탐지에 특화돼 있다. 만약 유명인사가 아닌 일반인이 동영상을 찍고 웹이 아닌 로컬 장치에 저장해 둔 이미지를 활용해 상대의 얼굴을 바꿔치기한 후 결과물을 온라인에 업로드하면 앙고라와 마루 중 어떤 알고리즘도 내용의 변경 여부를 탐지할 수 없다. 현재는 딥페이크 기술 적용을 위해 온라인상의 이미지를 학습에 활용하기 때문에 이런 문제가 발생할 가능성이 작지만, 딥페이크 기술과 개별 이미지 저장 장치의 발달과 함께 문제의 가능성은 커질 것이다. 알고리즘이 출시되기 전에 업로드된 모든 콘텐츠에 대해 기술을 적용하기 어렵다는 한계도 극복해야 하는 과제다.[52]

딥페이크 탐지 기술은 지금도 여러 연구팀에 의해 개발되고 있으며, 앞으로 더욱 발전할 것으로 기대된다. 그러나 변치 않을 문제는 탐지 기술이 늘 생산 기술에 뒤처질 수밖에 없다는 점이다. 악용은 언제나 대응에 앞서기에, 딥페이크 이용자는 어떤 식으로든 탐지 소프트웨어를 우회할 가능성이 크다. 아울러 기술적 해결책은 활용되지 않으면 결국 무용지물이 되고 만다. 현재 콘텐츠 공유 환경의 분산성을 고려할 때 일부 딥페이크 영상은 필연적으로 탐지 소프트웨어를 거치지 않고 이용자에게 가닿을 것이고, 이러한 사례들은 탐지 기술을 무력화할 것이다.

모든 딥페이크 영상이 악의적인 것은 아니라는 점에서도 기술적 대응의 효용을 다시 평가할 필요가 있다. 딥페이크가 만들어 낸 합성 포르노 영상은 명백하게 악의적이고 반사회적이다. 그러나 동시에 몇몇 창작 영상은 정치적 논평이나 풍자의 기능을 수행할 수 있다. 앞선 사례에서 보았듯, 언론 인터뷰나 내부자 제보를 위해 영상 내 특정인의 얼굴을 일부러 가려야 하는 경우도 존재한다. 이 경우에도 모두 딥페이크 탐지 기술이 자동으로 적용되는 것이 옳을까? 이용자 신고 방식과 달리 기술적 대응은 딥페이크가 합성한 영상의 '내용'에는 신경을 쓰지 않는다. 영상의 속성 외 다른 메타 데이터를 활용하거나 탐지 기술과 인간의 개입을 적절히 혼용하는 등의 노력이 필요한 것은 이 때문이다.

이처럼 무조건 딥페이크 탐지를 자동화하는 것만이 능사는 아니며, 기술적 대응이 딥페이크 이슈에 대한 완전한 해결책이라고 하기도 어렵다. AI 기술을 활용하여 AI 기술에 기반을 둔 딥페이크에 대응하는 것은 끊임없이 쫓고 쫓기는 게임, 그것도 쫓는 자의 승률이 현저히 낮은 게임이 될 수밖에 없다. 다만, 한 가지 확실한 것은 딥페이크 탐지 기술이 영상 조작을 매우 어렵고 시간이 소요되는 작업으로 만들 수는 있다는 점이다. 이 점에서 딥페이크 탐지 기술은 악의적 딥페이크 기술에 대한 대응으로서 충분히 가치를 지니며, 딥페이크 기술과 함께 탐지 기술이 어떻게 발전하는지를 눈여겨볼 필요가 있다.

법령 및 가치 충돌의 딜레마

딥페이크로 인한 명예훼손이나 허위정보의 문제가 확산하면서 이에 대응할 수 있는 법률적 방안[53]에 대한 논의도 활발히 이뤄지고 있다. 전문가들은 현행법상 저작권copyright이나 퍼블리시티권right of publicity, 명예훼손이나 개인 정보 침해, 성희롱에 관한 법률 등으로 딥페이크가 초래하는 문제에 대응할 수 있다고 말한다. 예를 들어 딥페이크 합성 영상이 포르노물일 경우 대부분 플랫폼의 이용 약관에 따라 콘텐츠 삭제를 즉시

요청할 수 있다. 합성 영상이 내용 면에서 크게 문제가 없더라도 사전 동의 없이 자신의 이미지를 상업적 혹은 불법적인 목적으로 사용했다는 것을 이유로 소송을 제기할 수 있다.

국내에서는 딥페이크로 다른 사람의 얼굴을 사용해 영상을 제작하는 경우 초상권 침해로 고소를 당하거나 정보통신망 이용 촉진 및 정보보호 등에 관한 법률 제70조(거짓 사실 유포와 명예 훼손)에 의거해 처벌될 수 있다. 딥페이크를 포르노 합성에 사용하는 경우, 국내에서는 포르노 동영상 제작 자체가 불법이기에 형법 제244조(음화 제조 등)에 따라 제작 및 배포, 소지 자체로도 처벌을 받을 수 있다.

미국의 경우 연방상표법Lanham Act 제43조를 딥페이크로 인한 허위 영상 유통에 적용할 수 있을 것이다. 연방상표법 제43조는 부정 경쟁을 규제하기 위한 조문이지만 사업자 간 경쟁 관계를 넘어 특정인이 유명인의 명성을 상업적으로 도용하거나 악의적으로 패러디함으로써 이득을 얻는 행위를 막는 근거로 활용되는데, 딥페이크를 통한 영상 조작을 악의적 패러디나 초상권 도용과 같은 행위로 규정해 이를 적용해 볼 수 있다.

주목할 점은 딥페이크로 인한 사회 문제에 대응하기 위해 별도의 법안을 제정하려는 시도 또한 진행되고 있다는 점이다. 우리나라에서는 2020년에 딥페이크 관련 법률이 개정,

강화되었다. 대표적으로 국가인권위원회가 '인공지능 산업 진흥에 관한 법률안'(2020)에서 딥페이크를 활용한 불법 음란 영상물이 인간의 존엄성에 심각한 위협이 될 수 있음을 보여주는 사례라 밝힌 바 있다. 성폭력 범죄의 처벌 등에 관한 특례법에 제14조의2가 신설돼 (2020년 3월 5일 국회 본회의 통과, 6월 25일부터 시행) 딥페이크 기술을 이용해 음란물을 만들거나 배포하는 경우 처벌할 수 있는 근거가 마련되기도 했다.

　　미국의 경우 연방정부 차원에서 딥페이크 규제를 위한 법안이 여럿 제출됐으나 통과되지는 못한 상태다. 대표적으로, 2018년 12월 21일 벤 사세Ben Sasse 상원 의원이 최초로 딥페이크의 악의적 영상 생성 및 유통을 범죄로 규정하는 법안인 '악의적 딥페이크 금지법Malicious Deep Fake Prohibition Act of 2018'을 의회에 제출한 바 있다.[54] 이 법안은 "상거래 수단이나 시설을 사용하여 불법으로 배포할 의도 또는 연방, 주 또는 지방 법률에 따른 불법 행위를 조장할 의도로 딥페이크를 만드는 행위"를 불법으로 규정하고 있다. 법안은 딥페이크 영상의 생산자뿐 아니라 페이스북과 같은 유통 플랫폼의 책임도 묻고 있다. 구체적으로, 딥페이크 기술을 활용해 인터넷으로 불법적 행위를 하는 개인뿐 아니라 유통 플랫폼이 딥페이크를 유통하고 있음을 '인지하는' 경우도 벌금이나 2년 이하의 징역을 부과할 수 있다는 내용을 담고 있다. 딥페이크가 폭력을 조

장하거나 정부 또는 선거를 방해하는 경우 처벌 수위는 최대 10년으로 늘어난다.[55]

이 법안이 의회 통과에 실패한 이유는 해당 법안들이 여러 측면에서 기존의 가치와 충돌하거나 새로운 문제를 야기할 가능성이 크기 때문이다.[56] 전문가들은 '악의적 딥페이크 금지법'이 이미 법으로 금지된 행위를 다시 범죄로 만드는 법률에 불과하다고 비판한다. 유언비어를 퍼트려 선거를 방해하거나, 없는 사실로 정적政敵을 음해하는 일은 어떤 도구를 사용했든 그 본질은 동일하고, 이미 연방·주·지방 법률에 따른 민사나 형사 소송을 통해 처벌이나 구제가 가능한 사안이라는 것이다. 이미 범죄 또는 불법 행위로 규정된 사안을 굳이 딥페이크라는 '수단'에 초점을 맞춰 별도의 연방 형사법을 추가할 필요가 없다는 지적이다. 아울러 딥페이크 영상의 배포자에게 과도한 책임이 부과된 데 대한 우려도 상당하다. 영상 플랫폼이 처벌을 두려워해 딥페이크라고 신고, 보고된 모든 대상을 즉각 삭제해 버릴 때 발생할 수 있는 부작용을 생각해야 한다는 것이다.

2019년 6월 미국 하원에 발의된 '딥페이크 책임법안 DEEP FAKES Accountability Act' 역시 최종적으로 의회를 통과하지 못하고 폐기됐다. 해당 법안은 다른 사람의 신분을 사칭할 수 있는 기술적으로 조작된 온라인 콘텐츠, 즉 딥페이크 영상을 만드는 자에게 영상 제작자가 누구인지 밝히는 디지털 워터마크의 사용을 의무화하고, 해당 영상이 조작된 것임을 글이나 소리를 통해 명확하게 고지하도록 하는 것이 주요 내용이다. 딥페이크가 일으킬 수 있는 부작용을 생각하면 당장 법으로 만들어 시행해야 할 것 같지만, 딥페이크의 긍정적인 활용 방안을 생각하면 이 법안에도 미묘한 구석이 있다. 예를 들어 딥페이크로 합성된 배우가 나오는 영화에서 배우가 나오는 장면마다 제작자의 로고가 나타나거나 '이 배우의 얼굴은 딥페이크로 합성된 것입니다'라는 자막이 깜빡인다면, 우리는 영화에 몰입할 수 있을까. 영화의 처음과 마지막에만 표시하는 방안도 고려할 수 있겠지만 이 경우 고지 자체의 효과를 기대하기 어렵다. 영상을 건너뛰면서 핵심 장면만 찾아보는 사람들에게는 영상의 앞 또는 뒤에 있는 딥페이크 고지가 눈에 띄지 않을 것이기 때문이다.

이러한 이유로 미국에서 딥페이크에 대한 법제도적 대응은 주 단위로, 한시적 형태로 이뤄진다. 선거처럼 딥페이크로 인한 허위정보의 사회적 폐해가 명백하게 예상되는 경우에 한하는 것이다. 가령, 미국 캘리포니아주는 2019년 9월에 미국에서 처음으로 2023년까지 한시적으로 딥페이크를 규제할 수 있도록 선거법을 개정했다. 공직 후보를 선출하기 위한 선거일로부터 60일 이내에 실제 악의를 갖고with actual malice 후

보자의 명예를 훼손하거나, 유권자의 투표 행위를 기만하려는 의도를 갖고 제작된 기만적인 오디오 비주얼 미디어를 배포하지 못하도록 하는 것이 주요 내용이다. 흥미로운 것은 이 법이 딥페이크라는 용어를 사용하지 않고 있음에도 실제 내용은 딥페이크에 기반을 둔 조작 영상물을 대상으로 한다는 점이다. 이 법이 가리키는 '기만적인materially deceptive 오디오·비주얼 미디어'의 조건은 다음 두 가지다. 첫째, 해당 정보가 허위임에도 합리적인 사람에게는 진실처럼 보여야 하며, 둘째, 합리적인 사람이 실제 정보를 듣거나 볼 경우와 비교할 때, 해당 정보가 합리적인 사람들에게 실제 정보와 근본적으로 다른 이해나 인상을 줘야 한다. 해당 법이 적용된 이후 '임프레션스Impressions'나 '리페이스Reface'와 같은 딥페이크 제작 애플리케이션에서 일부 기능이 삭제되기도 했다. 그 때문인지 추가 개정을 거쳐 지금은 적용 기한이 2027년 1월 1일까지로 연장됐다.

유럽연합은 2022년 초대형 온라인 플랫폼과 검색 엔진에 딥페이크로 인한 피해가 발생하지 않게 하는 조치를 의무화하는 '디지털서비스법Digital Service Act'을 도입했다. 이 법에 따르면 월 활성 이용자가 4500만 명(EU 인구의 10퍼센트) 이상인 온라인 플랫폼과 검색 엔진은 실제 사람·사물·장소 등과 매우 흡사하거나 허위로 사람을 실물처럼 보이게 하는 조작된 이미지·오디오·비디오와 같은 정보에 대해서는 사용자들이 그것이 조작되었다는 것을 쉽게 알 수 있도록 분명한 식별 조치를 해야 한다. 만일 이 의무를 지키지 않았을 경우 전세계 매출액의 6퍼센트 내에서 벌금형을 선고받을 수 있다.[57]

중국은 2023년 1월부터 '인터넷 정보 서비스 딥 합성 관리 규정'을 통해 세계 주요국 중에서는 처음으로 딥페이크 기술에 대한 전면적 규제를 시도하고 있다. 경제 또는 국가 안보를 어지럽힐 수 있는 정보를 확산시키기 위한 목적으로, AI를 통해 만들어진 콘텐츠의 사용은 애초에 금지된다. 어떤 목적에서든 딥페이크를 이용해 만들어진 영상은 딥페이크 영상임을 명확하게 알려야 하고 원본을 추적할 수 있도록 워터마크도 넣어야 한다. 누군가의 얼굴이나 목소리를 합성하려면 당사자의 동의를 구해야 한다. 심지어 언론사에서 보도 목적으로 딥페이크 기술을 사용하려면 영상의 원본으로 정부가 승인한 매체만 활용할 수 있다. 사실상 딥페이크 기반의 정책 풍자나 비판을 막은 것이다.[58]

이처럼 법 제도적 대응은 딥페이크를 적용한 결과물이 저지르는 범법 행위에 대해 현행 법률을 적용하거나, 딥페이크를 겨냥해 특화 법률의 제정을 시도하는 방향으로 이뤄지고 있다. 첫 번째 방식과 관련해 제기되는 문제는 저작권이나 퍼블리시티권, 명예훼손법과 같은 현행 법률이 딥페이크가 야기하는 사회 문제를 과연 얼마나 해결할 수 있는가에 대한 의문이다. 사실 이 물음은 딥페이크가 등장하기 이전부터 디지털 저작물과 관련하여 끊임없이 제기되어 왔던 문제다. 디지털 저작물에 대한 권리와 이의 공정 이용fair use, 개인의 명예 보호와 창작 자율성 사이의 해묵은 긴장 관계를 딥페이크의 사례에서도 다시금 확인하게 되는 것이다. 특히 디지털 저작물에 의한 피해에 대응하는 것은 미국의 수정헌법 제1조First Amendment로 대표되는, 표현의 자유의 가치와 충돌할 수 있다. 악의적 딥페이크를 범죄화하는 것은 정치적 패러디까지 자동으로 삭제, 제한하는 행위로 이어져 새로운 논란을 야기할 수 있으며, 이 점에서 법적 대응을 위해서는 사례별 접근과 판단이 중요한 변수로 작동하게 된다.

더 큰 문제는 판결 결과가 무엇이든, 판결이 내려지기 전에 이미 딥페이크 영상은 대량으로 널리 유통됐을 것이라는 사실이다. 특히 퍼블리시티권 등이 유명인사에게 주로 유리하게 작동하고, 일반인의 경우 적용하기까지 적지 않은 노력이 소요된다는 점에서 현행 법률이 딥페이크에 대한 실제적 대응력을 갖추기는 어려워 보인다. 딥페이크를 활용한 리벤지 포르노물이 유포되는 경우에도 피해자는 그 사실 자체를 아예 모를 가능성이 높으며, 안다 해도 처벌을 기대하기가 어려운 게 현실이다.

그렇다면, 미국의 의원들이 제출한 법안들이 그 대안이 될 수 있을까? '악의적 딥페이크 금지법'이나 DSA의 사례에서 보듯, 이 법안들은 여러 측면에서 기존의 가치와 충돌하거나 새로운 문제를 가져올 가능성이 있다. 특히 플랫폼과 같은 딥페이크 영상 배포자에게 책임을 부과하는 방식은 미국의 통신품위법Communications Decency Act 제230조와 같은, 인터넷에서의 표현의 자유를 신장시켜 온 법률과 배치된다.

통신품위법 230조는 인터넷 서비스 사업자(ISP·Internet service provider)가 자신이 중개한 표현에 대해 발행인으로서 책임을 질 필요 없이 완전 면책되도록 규정한 법이다. 인터넷 서비스 사업자가 온라인상의 표현에 법적 책임을 부담하게 될까 두려워 표현을 삭제하는 일이 없도록 한 것이다. 물론 이러한 면책 조항이 피해자의 명예보다는 표현의 자유 보호만을 중시해 인터넷 사업자가 유해한 표현을 차단할 동기를 없애 버리는 부작용이 있었던 것은 사실이다. 하지만 딥페이크를 대상으로 한 새로운 플랫폼 규제 법안은 표현의 자유를 침해하고 인터넷 사업자에 과도한 책임을 부과하는 부작용을 낳을 수 있다. 딥페이크에 의한 위협에 대응하기 위한 시도가 도리어 온라인 생태계에 의도치 않은 피해를 줄 수도 있다는 점을 간과할 수는 없는 노릇이다.

이처럼 딥페이크에 대한 법적 대응은 이미 존재하는 법

률과 중복되거나, 다른 법률적 가치와 충돌하는 문제와 관련되기 쉽다. 딥페이크의 피해자를 보호하는 것은 표현의 자유를 침해할 수 있고, 표현의 자유를 보장하기 위해 딥페이크 피해자 보호의 수위를 낮추면 딥페이크의 위해성이 가늠할 수 없는 수준으로 커져 버리는 것이다.

이러한 긴장을 조정하는 것은 법원의 역할이지만, 실질적인 법적 구제 수단이 있더라도 딥페이크가 초래하는 위험에 충분히 대응하기 위해 새로운 논의 또한 진행돼야 한다는 사실만큼은 분명하다. 새로운 법률이 만들어진다 해도 이것이 사후적인 대응일 수밖에 없다는 점은 해결할 수 없는 한계이기 때문이다. 법적 유효성이 높다 해도 법은 피해가 일어난 다음에야 작동한다. 법률 바깥의 대응이 필요한 이유다.

기술 자체보다 기술이 야기하는 문제들에 관심을

딥페이크가 초래하는 위험에 대응하기 위해 산업적, 기술적, 법적으로 다양한 노력이 이루어지고 있지만, 딥페이크가 지니는 잠재적 위협이 모두 제거된 것은 아니다. 어떤 방법도 딥페이크가 불러 오는 문제에 대한 완전하고도 유일한 해결책이 될 수 없기에, 딥페이크 기술과 영향력에 대해 지속적으로 관심을 가지고 이해도를 높이는 것이 근본적인 대응 방안이라는 목소리가 점차 커지고 있다.

이와 관련하여 MIT 미디어 연구소와 하버드대학교 버크만 센터 'AI 윤리와 거버넌스 이니셔티브the Ethics and Governance of AI Initiative'의 팀 황Tim Hwang은 실제 발생하는 구체적이고 개별적인 딥페이크 문제에 관심을 가지고 이에 대한 해결책을 마련하는 데 집중하는 것이 딥페이크 탐지 알고리즘을 개발하는 것보다 더 중요하다고 강조한다.[59] 자동화된 탐지 도구와 이의 산업적 적용, 가능한 문제들에 대한 법적 대응이 어디까지나 관련된 사람들의 폭넓은 이해와 관심 속에서 이뤄져야 한다는 뜻이다. 그는 기술과 인간 간 균형이 딥페이크에 대한 대응의 핵심이라고 봤다. 가령, 저널리스트나 리포터가 악의성 여부를 판단하기 어려운 애매한 경우나 딥페이크가 적용되는 특수한 맥락에 대한 사례를 제공해 줄 때 기술자와 연구자는 해당 기술의 원리와 활용을 보다 구체적으로 고민할 수 있을 것이다.

같은 맥락에서 전 사회적으로 딥페이크 기술과 딥페이크의 영향력에 대한 이해를 높이는 것이 딥페이크로 인한 부작용을 최소화하는 데 기여할 수 있다. 이와 관련해서는 노엘 마틴Noelle Martin이라는 한 여성의 사례에 주목해 볼 만하다. 마틴은 대학생이 된 후 소셜 미디어에 올린 자신의 이미지가 딥페이크 조작에 활용되어 포르노 DVD 표지로 만들어지고 포르노 사이트에 게시, 유통된 것을 알게 된다. 여기에는 심지어

마틴이 미성년자였을 때의 사진이 아동 포르노물과 합성된 경우도 있었다. 대다수의 피해자가 이러한 경우에 대해 쉬쉬하고 넘어간 것과 달리 노엘은 이에 공식적으로 대항하는 활동을 약 10년 간 지속해 오고 있다. 가해자의 신원을 모르는 상황에서 마틴은 가해자를 처벌하는 대신 법을 바꾸고자 결심했다. 마틴은 테드 강연Ted Talk 등을 통해 딥페이크로 인해 자신이 경험한 피해를 이야기하면서[60] 법령 제정의 필요성에 대해 역설했고, 이러한 활동은 호주에서 적대적 포르노에 대한 법률이 제정되는 데 영향을 미치는 등 실질적인 효과를 가져왔다. 포기를 거부한 그녀의 태도와 행동은 딥페이크와 그로 인한 여성 대상의 폭력과 위협의 이슈를 환기하고 피해자의 지위를 법적으로 회복하는 데 기여했다고 평가받는다.[61]

이처럼, 딥페이크가 초래하는 위협에 대응하기 위해서는 광범위한 문화적 변화가 필요하다. 특히, 피해자들의 침묵보다는 행동이, 사회적 무지보다는 관심이, 대중의 흥미보다는 인식의 향상이 중요하다. 딥페이크로 인해 영상이 조작될 수 있다는 사실, 조작된 영상 때문에 피해를 입은 사람이 어딘가에 존재할 수 있다는 사실, 이를 신고하면 삭제 등의 조치가 취해질 수 있다는 사실을 아는 사람이 많아질수록 딥페이크에 대한 사회적 대응책의 힘은 강해질 수 있다.

'ASI 데이터 사이언스ASI Data Science'의 연구원 존 깁슨John

(좌)도용됐던 노엘 마틴의 셀피 ⓒDailymail
(우)그녀의 테드 강연 모습 ⓒTEDx

Gibson은 2018년 열린 제15회 얄타 유럽 전략 회의Yalta European Strategy에서 영상과 음성 합성 기술의 가능성에 대한 사람들의 인식을 제고하는 것이 중요함을 역설한 바 있다. 그는 딥페이크를 '램프에서 빠져나온 지니'에 비유하면서, 영상 합성 기술이 앞으로 대중들에 의해 더 많이 이용될 것이고 이러한 발전을 정부가 통제할 수는 없을 것이라 전망했다. 깁슨은 정부의 통제 대신 허위정보의 영향을 완화하는 방향으로 해결책이 집중되는 것이 중요하며, 그중 하나는 사람들이 영상의 정치적 맥락을 인식하도록 돕는 것이라고 이야기했다.

다행인 것은 2018년이나 2022년 미국 대선, 러시아-우크라이나 전쟁 같은 대형 정치적, 군사적 사건이 진행되는 과정에서 딥페이크로 인한 심각한 수준의 허위정보 문제는 발생하지 않았다는 사실이다. 오히려 대통령의 얼굴을 합성한 영상은 딥페이크가 어떻게 정치적으로 활용될 수 있는지를 보여줌으로써 해당 기술에 대한 사회적 인식을 높이는 데 기여할 수 있었다. 이와 같은 효과가 앞으로도 지속될 것인가? 허위정보의 문제가 심화하는 상황에서 물음의 답을 쉽사리 내릴 수는 없을 것이다. 하지만 분명한 사실은 사회적 인식과 문화적 변화가 딥페이크를 멈추거나 사라지게 할 수는 없더라도 딥페이크의 부정적 영향력을 둔화시키는 데에는 반드시 도움이 되리라는 것이다.

무엇을 해야 하나?

지금까지 딥페이크로 인해 발생하는 문제점과 그에 대한 대응, 그리고 대응의 한계점들을 살펴봤다. 이러한 한계들을 극복하고 딥페이크가 사회적으로 수용되고 창작의 도구로 더욱 널리 활용될 수 있도록 우리가 해야 할 일은 무엇일까?

나로부터 시작하기

무엇보다 중요한 것은 온라인 이용자 개개인이 딥페이크 기술을 악용하지 않고, 딥페이크가 악의적으로 만들어 낸 영상에 휘둘리지 않는 자세를 기르는 것이다. 딥페이크의 파급력은 전문적인 지식이나 기술이 없어도 매우 쉽고 광범위하게 다수에 의해 현실을 조작할 수 있다는 것에서 나온다. 악의적 포르노나 명예훼손 등 딥페이크와 관련한 문제들은 생성적 적대 신경망이 얼마나 이미지를 잘 학습하고, 필요한 부분을 대체, 합성하는지가 아니라 어떤 이미지를 학습하여 어떤 이미지와 합성한 후 어떤 영상을 만들어 낼 것인가를 결정하는 인간의 판단과 의지에서 발생한다. 딥페이크로 인한 폭력과 사실의 위기는 딥페이크 기술 자체보다는 딥페이크 기술의 '이용'으로부터 초래되는 셈이다. 따라서 딥페이크 기술의 악용 가능성에 대해 인지하고, 이를 사회적으로 올바른 방향으로만 사용하려는 이용자 개개인의 노력이 가장 중요한 과제로 꼽힌다.

온라인에서 딥페이크 영상을 접하고 소비하는 사람들의 경험과 지식을 함양하는 것 또한 중요하다. 혁신적인 탐지 기술이 딥페이크 영상을 실시간으로 식별하더라도 사람들이 이를 믿고 마음을 바꾸지 않는다면 아무런 소용이 없을 것이다. 조작된 영상과 영상이 조작됐다고 이야기하는 탐지 알고리즘 중 무엇을 더 신뢰할 것인지, 또는 서로 다른 탐지 알고리즘이 영상의 진위 여부에 대해 상충하는 평결을 내릴 때 무엇을 믿어야 하는지의 문제는 딥페이크라는 기술과 별도로 발생하는 또 다른 선택의 문제다. 이 선택에 따라 사실fact이 다시 위기에 처할 수도 있다. 오바마 대통령이 인종 차별적인 사람이라 믿는 이들은 그가 영상에서 눈을 깜빡이든 그렇지 않든 인종 차별적인 연설을 내뱉는 장면을 사실로 받아들일 것이다. 인간의 마음과 인식, 동의와 믿음은 AI 알고리즘이나 딥페이크 기술보다 더 '디버깅'하기 어려운 대상이기에, 이 시스템이 어떻게 사실을 강화하는 방향으로 학습할 수 있을 것인지에 대한 고민이 다른 어떤 대응들 못지않게 필요하다.

딥페이크, 나아가 모든 유형의 허위정보에 대한 이용자의 이해와 정확한 판단 능력, 즉 리터러시literacy를 제고하는 노력은 이 문제의 가장 현실성 있는 대안이라 할 수 있다. 대학 등 학술 기관이 진행하는 미디어 리터러시 프로그램을 하나의 사례로 살펴볼 수 있다. 가령, 뉴욕의 티시예술대학교NYU Tisch는 '뉴스 위조하기Faking the News'라는 과목에서 학생들에게 AI 기술을 활용해 콘텐츠를 위조하는 방법을 가르침으로써 딥페이크의 위험성을 알린 바 있다. 학생들은 직접 위조 콘텐츠를 만들며 기술의 잠재성과 함의, 그리고 해당 기술의 한계 또한 배울 수 있었다.

션 등의 연구[62]에 따르면 온라인상의 가짜 이미지에 대한 신뢰도 평가에는 출처의 유무보다 이용자의 인터넷 능력과 이미지 편집 경험, 미디어 이용 정도가 더 큰 영향을 미친다. 이용자의 미디어 리터러시가 높을 때 가짜 이미지를 판별하고 신뢰도를 조정할 가능성이 더 높다는 말이다. 딥페이크 기술 자체에 대한 지식을 전달하는 것을 넘어, 허위정보 전반에 대처하는 총체적이고 종합적인 역량으로서의 미디어 리터러시를 높이는 것이 중요하다. 탄탄해진 미디어 리터러시를 기반으로, 현실에 대한 평가와 가치 판단을 내리도록 하는 교육 과정이 무엇보다 중요할 것이다. 특히 Z세대의 경우 대부분의 활동을 온라인에서 진행하고, 동영상을 이용하는 경우가 많기 때문에 리터러시 교육을 통해 딥페이크로 인한 허위 정보의 문제에 대응하려는 노력이 필요하다. 가령, 버즈피드는 딥페이크 영상을 식별하는 다섯 가지 팁[63]을 정리하고 있는데,[64] 이러한 사실을 젊은 세대가 유념하는 것만으로도 딥페이크로 인한 위험을 줄일 수 있을 것이다.

블랙박스화를 넘어서

인터넷 플랫폼, 또는 서비스 사업자의 경우 딥페이크 탐지 기술을 개발하고 이를 플랫폼에 기본적으로 탑재하는 등의 역할이 사회적으로 요구될 가능성이 크다. 기존의 대응이 이용자의 신고와 요청을 받아들이는 소극적 수준에 머물렀다면, 앞으로는 정보의 유통과 확산에 대한 책무를 적극적으로 요구받는 것이다. 딥페이크를 탐지할 수 있는 자체 AI 모델을 플랫폼에 구축하거나 영상 콘텐츠를 출처나 업로드 일시, 진위 탐지 결과 등의 부가 정보와 함께 게시하는 정책을 적용하는 것 등이 향후 인터넷 사업자들이 취할 수 있는 방안으로 논의된다.

이때 중요한 것은 딥페이크에 대한 플랫폼의 대응 자체가 플랫폼의 핵심 내부자만 그 내용을 알 수 있는, 이른바 '블랙박스화'될 가능성을 유념하는 것이다. 딥페이크 탐지 기술 또한 이용자, 엔지니어가 쉽게 이해하고 접근할 수 있는 형태로 제공돼야 한다. 딥페이크 탐지 기술의 블랙박스를, 전부는 아니더라도 가능한 수준에서 공개하는 것이 플랫폼에 적용할 수 있는 모델을 개발하는 것만큼 중요하다는 사실을 잊어서는 안 된다. 딥페이크 탐지 기술 개발의 이면에서 이뤄지는 의사 결정 과정을 투명하게 공개하는 것도 필요하다. 영상의 원본성에 대한 '인증'이 의미하는 바가 명확할 때에만 비로소 그 인증을 기반으로 한 신뢰가 구축될 수 있기 때문이다.

이 점에서 '리얼리티 디펜더Reality Defender'의 사례는 주목할 만하다. 리얼리티 디펜더는 미국의 'AI 재단AI Foundation'이 딥페이크로 인한 미국 대선 관련 정보 오염을 막기 위해 2020년에 출범한 딥페이크 탐지 기술 플랫폼이다. 독일의 뮌헨공과대학교의 페이스 포렌식 프로젝트를 기반으로 시작해 현재 수백 개 이상의 학교, 기업, 기관 등이 참여하는 대형 프로젝트로 성장했다. 기존에 알려진 딥페이크 탐지 모델 중 정확도가 높았던 모델들을 통합해 더욱 확장성 있는 탐지 모델을 제작하고, 이를 웹 앱 등으로 쉽게 활용할 수 있도록 한다. 미국 국토안보부, 미국 국방부, 육군, CIA등의 정부 기관,

ABC, 《워싱턴포스트》, 《와이어드》, 프로퍼블리카 등의 언론, 링크드인, 페이스북과 같은 소셜 미디어 기업과도 제휴해 이들 조직이 데이터 진위를 판단할 수 있도록 지원하는 중이다. 리얼리티 디펜더는 여러 기관이 연합으로 정보를 공개, 공유하며 딥페이크 탐지 기술을 개발하고 기술의 적용 대상을 확대하려는 노력이라는 점에서 높이 평가할 만하다. 딥페이크 기술이 날로 발전하는 상황에서 단일 기업이나 기관이 단독으로 '만능' 탐지 기술을 개발하는 것은 사실상 불가능하다. 리얼리티 디펜더처럼 딥페이크 탐지 기술을 적극적으로 공유, 개발하려는 시도가 앞으로 더욱 확대돼야 할 것이다.

믿을만한 중개인, 언론

딥페이크는 허위정보의 생성과 확산을 가속화한다. 사실의 지표로 간주되던 영상의 원본성이 의심받기 시작했다는 것은 대중이 온라인에서 만나는 미디어와 콘텐츠를 더 이상 신뢰할 수 없는 상황에 처했음을 뜻한다. 사실과 진실이 쉽게 오염될 수 있는 상황에서, 사회가 어떻게 정보를 수용하고 공유하도록 할 것인지의 과제가 떠오를 수밖에 없다.

컴퓨터공학 연구자이자 미디어 연구자인 니콜라스 디아코플로스Nicholas Diakopoulos는 《콜럼비아 저널리즘 리뷰Columbia Journalism Review》에 실린 칼럼을 통해 바로 이 지점에서 오히려

주류 언론이 권위를 회복하고 사회에 기여하는 기회를 가질 수 있을 것이라 말한다.[65] 대중이 온라인 콘텐츠를 더 이상 신뢰할 수 없다는 것을 알게 되면 믿을만한 평가자 및 중개인을 필요로 하게 되는데, 이 역할을 언론이 수행할 수 있다는 것이다. 그는 이러한 기회를 포착하기 위해 언론과 언론인이 미디어 포렌식 교육과 기술 도구 개발, 프로세스 표준화 및 투명성과 같은 전략을 추구할 필요가 있다고 강조한다.

언론사는 포렌식 도구를 개발·통합하고, 영상의 진위 여부를 결정할 때 필요한 맥락 단서를 제공할 수 있다. 이미지 합성이 쉬워질수록 시간, 장소, 환경 등에 대한 메타 데이터가 적절한 검증을 위해 더욱 중요해지는데, 이러한 맥락을 해석하는 역할을 언론이 수행하는 것이다. 언론사 역시 플랫폼과 마찬가지로 콘텐츠의 평가 과정을 문서화하는 등 합성 영상의 검증을 위한 과정을 표준화하고 공개해야 한다. 사실과 진실이 오염되는 시대에 언론이 사실을 해석하고 이 과정을 공개한다면, 그 위상은 새로이 정립될 수 있다. 믿을 만한 콘텐츠의 유통 경로로서의 언론으로 재탄생하는 것이다.

규제가 능사는 아니다

다수의 전문가들은 온라인 이용자와 플랫폼, 언론에게 부과된 새로운 과제가 정부 주도로 진행되는 것을 경계한다. 딥페이크에 대한 법적 대응이 데이터 기반 비즈니스의 핵심인 데이터 공유와 혁신을 거부하는 방향, 특히 콘텐츠에 대한 직접 제재 방식으로 이루어지는 것을 피해야 한다는 이유 때문이다.

대신 정부는 이용자와 언론, 기관의 정보 리터러시를 높이는 교육을 실시하고, 공공-민간의 파트너십이나 핵심 관계자들 간의 협력을 증진하는 등, 사회적 신뢰를 높이는 방향으로 기능할 수 있을 것이다. 미국의 방위 고등 연구 계획국 'DARPA'의 미디어 포렌식 프로그램은 정부의 직접 개입 없이 연구를 지원하는 것만으로도 딥페이크 탐지 기술 발전에 기여할 수 있음을 보여 줬다. EU에서도 유사하게 인비드 프로젝트가 진행된 바 있다. 프랑스 통신사 AFP를 비롯하여 일곱 개국 소속 아홉 개 기관, 및 기업이 참여하고 있는 이 프로젝트는 EU가 2016년 1월부터 진행 중인 혁신 프로그램 '호라이즌 2020Horizon 2020'의 기금 지원을 기반으로 한다. 호라이즌 2020의 기금 규모는 약 800억 유로에 달한다. 인비드 프로젝트를 통해 페이스북이나 유튜브와 같은 소셜 미디어에서 유통되는 동영상의 진위 여부를 자동으로 파악하는 도구가 개발됐다. 또한 영상의 과거 사용 전력을 확인하고 영상에 삽입된 로고를 감지함으로써 영상의 이용자가 저작권자를 확인할 수 있게 해 주는 방안 역시 제시됐다. 이러한 성과는 정부

주도의 국가 간 협력 사업이 허위정보로 인해 발생하는 사회적 비용을 줄일 수 있음을 보여 준다.

아울러 정부는 딥페이크로 인한 허위정보에 어떻게 대처할 것인지, 사회적 신뢰를 어떻게 높일 것인지에 대한 중장기 로드맵을 구축할 필요가 있다. 일시적으로 발생하는 단발적 사건에 단기적 처방으로 대응하거나, 강한 법적인 규제 일변도로 나아가는 것은 표현의 자유를 침해하거나 새로운 플랫폼에서의 미디어의 활동 영역을 축소하는 등 부작용을 낳을 수 있다. 단계적으로 딥페이크로 인한 허위정보 생성 실태를 파악하고 이에 대한 이해 관련자의 의견을 종합적으로 수렴, 사회적 차원에서의 대응 방안을 마련할 수 있는 체계가 마련돼야 한다. 딥페이크와 관련된 허위정보 대응 체계에 정부의 전 부처가 참여하는 것, 딥페이크를 통한 허위정보 생성 및 유통과 관련된 연구 계획을 수립하고 꾸준히 실행하는 것도 정부가 해야 하는 중요한 역할이다.

폭력의 방지에서 창작의 증진으로

딥페이크에 대한 사회적 대응은 딥페이크로 인한 부정적 효과 및 부작용을 최소화하는 데 집중돼 있다. 그 방법 또한 사후적인 경우가 많다. 사전에 딥페이크의 악의적 활용을 예방하거나, 딥페이크를 이용한 창작을 활성화하는 방안을 마련

하는 데까지는 아직 사회적 논의가 나아가지 못하는 실정
이다.

새로운 기술과 서비스가 등장하면 사람들은 이에 대해
조금은 과도한 기대를 가진다. 가령, 트위터나 페이스북이 등
장했을 때 사람들은 드디어 글로벌 차원에서 평등한 쌍방향
커뮤니케이션 채널이 마련됐다는 기대에 부풀었고, 앱스토어
가 처음 마련됐을 때는 많은 사람들이 누구나 큰 자본 없이
디지털 콘텐츠 생태계의 제작자가 될 수 있다고 생각했다. 그
러나 딥페이크의 경우, 대다수의 사람들이 기술의 가치보다
는 부작용을 먼저 생각한다. 기술의 발전의 역사에서 이례적
인 일이다. 딥페이크 기술이 존재감을 드러낸 첫 계기가 허위
정보나 포르노그래피와 같은 부정적 사례였기 때문일 것이
다. 기술을 제대로 바라보기 위해 우리는 딥페이크라는 기술
이 만들어 내는 새로운 가치, 긍정적 사례에도 관심을 기울일
필요가 있다. 기술 개발자와 영상 이용자, 플랫폼, 언론, 정부
모두가 이 과정에 참여해야 할 것이다.

이러한 사례가 쌓일 때 우리는 비로소 딥페이크가 인간
존재에 대해 새롭게 던지는 질문들을 보다 심도 있게 논할 수
있다. 딥페이크는 영상에 '드러난 얼굴' 뿐 아니라 이로 인해
'감춰진 얼굴', 그리고 새롭게 주체로서 활동하려는 '가상의
얼굴'과 관련된 다양한 질문을 우리 사회에 던지고 있다. 산

업적, 법적, 제도적 대응을 넘어, 보다 근본적인 문제들에 철학적, 윤리적, 도덕적으로 어떻게 대응할 것인가는 여전히 과제로 남아 있다. 딥페이크 기술 자체를 넘어 '딥페이크의 얼굴'을 사회적으로 수용하기 위해, 앞으로 우리는 더 많은 질문을 던져야 한다.

에필로그 · 새로운 가면 앞에서 물어야 할 것

프랑스의 문화인류학자 벵자맹 주아노Benjamin Joinau는 책《얼굴: 감출 수 없는 내면의 지도》[66]에서 상상과 의미의 근원에 뿌리를 두는 특별한 '기호'로서 얼굴의 의미를 다각도로 탐색한다. 그에 따르면 얼굴은 "개인으로서의 '나'를 두드러지게 해 주는 내 몸의 출발점이자 내 존재를 부각시키는 육체적인 서명"이다. 동물들의 얼굴을 특별히 구분하지 않는 데서 보이듯, 얼굴은 대부분의 문화에서 인간에게만 특별히 쓰이는 개념이며, 감정을 표현하고 역사를 축적한 인간성의 상징이다.

동시에, 얼굴은 사회적인 장소다. 얼굴에는 사회가 부여하는 역할과 표지가 새겨지고, 개인은 사회가 그에게 부여하는 모습에 맞춰 얼굴로 표현되는 개성을 조정하며 '체면體面'을 차린다. 이 점에서 얼굴은 개인의 주관성이 그가 속한 집단과 만나는 곳이기도 하다. 이처럼 얼굴이 지닌 역사성과 사회성을 두루 살피며 벵자맹 주아노는 얼굴을 "육체적 존재와 상상적 공간이 만나는 특별한 장소"라 정의한다. 세계의 신화와 전설, 예술을 두루 살핀 끝에 그가 내린 결론은 얼굴이 "인간과 신, 자아와 세계, 개인과 사회 간의 본질적 결합"이라는 사실이다. 얼굴은 "근본적으로 모호하고 복잡"하며 "명백한 동시에 신비한" 이중적인 영역이다.

이렇듯 얼굴이 신비하고 복잡하기 때문에 얼굴을 가리거나 바꾸는 것은 인류 역사 속에서 원칙과 금기, 그리고 금기의 파괴를 동반하는 사회적 과정이었다. 가면(假面·mask)은 이를 보여 주는 대표적인 사례. 원시 사회에서 가면은 눈에 보이지 않는 세계, 즉 죽은 조상의 영혼이나 신과의 소통을 위한 수단이었고, 가면무도회의 목적은 나의 존재를 잠시 감추기 위한 것을 넘어 특정한 세력과 내 몸이 동등하게 소통하도록 하는 것이었다.[67] 프랑스의 철학자 미셸 푸코에 따르면, 가면을 쓴 사람은 가면이 상징하는 영혼을 가장하는 것이 아니라 실제로 그 영혼이 되며, 가면을 쓴 '배우'는 자신의 존재를 '잠시 멈추고' 가면에 재현된 얼굴 그리고 영혼을 다시 살아나게 만든다. 가면이 가진 힘은 가면을 통해 세상에 직접적인 공간을 갖고 있지 않은 공간으로 육체를 들여보냄으로써 육체를 신의 세계와 소통하는 상상적 공간의 단편으로 만드는 데 있다. 가면을 걸침으로써 몸은 '위대한 유토피아적 배우'가 된다고 푸코는 말한다.[68]

이와 같은 신비로운 힘 때문에 역사적으로 가면에는 수많은 금기가 덧붙었다. 가면을 두는 장소와 보관법, 가면을 착용할 수 있는 주체와 상황, 장소 등에는 수많은 규칙이 있었다. 가면은 영혼을 표현한 것을 넘어 영혼 그 자체로서 간주됐기 때문이다. 가면은 존재와 부재, 즉 지상으로 내려온 영혼의 '존재' 및 배우가 한 인간으로서의 존재를 잠시 멈추는 '부재'에 작용한다.[69] 가면은 이를 이용하는 생물학적 개인뿐 아니라 이를 착용하는 사회적 인물, 그리고 가면이 재현하는 특정한 영혼에 이르기까지 수많은 주체와 '타자성'을 내포하는 기호인 셈이다. 따라서 가면을 다룬다는 것은 곧 생물학적 개인과 사회적 자아 그리고 가면이 나타내거나 소개하는 타자성을 다룬다는 것과 같다.

딥페이크가 원본 이미지에 덧씌운 '가짜 얼굴'은 어떨까? 딥페이크를 통해 합성한 얼굴 또한 '가면'의 일종이라 할 수 있을까?

벵자맹 주아노는 가면을 용도에 따라 세 가지로 분류한다.[70] 첫째는 얼굴을 가리기 위한 가면이다. 스파이더맨의 가면은 '진짜' 존재를 잠시 괄호 안에 넣기 위한 것이다. 둘째는 존재를 드러내기 위한 가면이다. 아프리카의 소수민족 도곤족은 자신만의 가면을 신중하게 선택하고 평생 간직하는데, 이는 가면이 일종의 주민등록번호처럼 개인의 정체성을 나타내기 때문이다. 셋째는 보호하기 위한 가면이다. 착용자를 상징적, 육체적으로 보호하기 위한 목적의 가면으로, 코로나19 팬데믹 시기의 마스크도 넓게 보면 이에 해당한다.

딥페이크가 만드는 얼굴은 원본 이미지의 존재를 지우고, 합성한 이미지의 존재를 드러내며, 다큐멘터리 〈웰컴 투 체첸〉 사례처럼 때때로 특정 존재를 보호한다는 점에서 현대의 새로운 가면이라 할 수 있다. 문제는, 덧씌워지는 가면이 착용자의 몸과 행동, 그리고 의지와 아무런 관계를 맺지 못한다는 사실이다. 원시 사회의 제례의식에서 가면을 착용함으로써 주체가 사회적 자아로서 자신을 인식하고 가면, 혹은 가면이 재현하는 대상과 깊이 소통했던 것과 달리, 딥페이크라는 가면은 몸과 얼굴, 자아와 타자, 개인과 사회와 같은 연결을 만들지 못한다. 딥페이크의 효과는 가면을 쓰는 자(원본 이미지의 주체)가 아니라 합성된 이미지를 보는 자에게서만 나타나기 때문이다.

딥페이크를 통한 얼굴 바꾸기가 사회적 행위라는 자각이 적은 것은 이 때문일 것이다. 얼굴 바꾸기와 관련한 수많은 원칙과 금기는 딥페이크에서 작동하지 않는다. 게다가 우리는 딥페이크가 얼굴을 합성하거나 생성하기 위해 사용된 '타자'의 얼굴들을 어떻게 다뤄야 하는지를 고려하지 않는다. 딥페이크라는 기술의 간편함 속에서 인류 역사가 지속해 온 얼굴 바꾸기 혹은 가면 쓰기의 의미를 손쉽게 잊어버렸기 때문은 아닐까? 딥페이크가 조작, 합성하는 대상은 영혼을 드러내는 '얼굴'이다. 딥페이크가 인공지능 기반의 여타 이미지 조작, 합성 기술들과 다른 점은 얼굴의 문제와 관련된다는 점이며, 따라서 우리는 기술 자체를 넘어 얼굴 및 개인에 대한 사회의 통제와 관련해 딥페이크를 이해할 필요가 있다. 딥페이크를 통한 이미지 조작의 세계는 얼굴에 대한 사회적 판단을

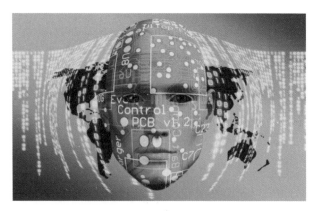

딥페이크, 디지털 시대의 새로운 가면일까? ⓒGerd Altmann

드러내는 장으로서, 기술적으로 합성된 이미지가 야기하는 결과를 넘어 얼굴의 가치에 대한 문제를 제기하고 있는 것이다.

딥페이크 합성 이미지를 볼 때 우리는 '이 얼굴이 진짜인가?'라는 질문을 가장 먼저 던진다. 그간 우리는 가짜 얼굴이 전하는 정보를 우리가 믿는 것은 아닌지, 가짜 얼굴이 진짜 얼굴보다 더 경제적으로 영화를 찍을 수 있는 것은 아닌지를 물어 왔다. 그러나 딥페이크 이미지의 진위 여부를 가려내는 것보다 더 중요한 것은 이 얼굴에 숨은 내면과 역사, 정체성과 주체성의 변화를 이해하는 것이다. 이를 위해 우리는 딥페이크가 어떤 얼굴을, 왜 바꾸는지를 더 많이 물어야 할 것이다.

딥페이크의 얼굴은 어떤 기호로서 왜 만들어지는가? 그로 인해 우리가 경험하는 얼굴 가치의 변화는 무엇인가? 왜 딥페이크로 스타의 얼굴, 예쁜 얼굴, 호감형 얼굴, 돈이 되는 얼굴이 더 많이 합성되는가? 왜 어떤 얼굴은 합성에서 배제되고 생략되는가? 이렇게 만들어진 얼굴(가면)은 사회에서 어떤 역할을 수행하는가? 많은 질문들이 답변을 받지 못한 채 쌓여 있다.

얼굴의 수수께끼에 유일한 답도, 명백한 답도 없듯이[71] '딥페이크의 얼굴' 또한 하나의 답을 가지고 있는 것은 아니다. 다만, 기술 자체의 새로움에 대한 소란buzz이 어느 정도 잦아들고 다양한 사례들이 계발되고 있는 지금이 이전과는 다른 질문들을 딥페이크의 얼굴에 대해 던지기에 가장 좋은 시기라는 사실 만큼은 분명하다. '이 얼굴 진짜인가?', '누구의 얼굴인가?'를 넘어 '어떤 얼굴인가?', '왜 바꾸는가?'를 지속적으로 묻고 답해야 한다. 그것이 딥페이크가 폭력으로 훼손된 얼굴이 아니라 '유토피아적 얼굴'을 더 많이 만들어 내는 가장 확실한 길이 될 것이기 때문이다.

주

1 _ 이승환, 〈빅데이터로 본 딥페이크(Deepfake): 가짜와의 전쟁〉, 소프트웨어정책연구소 Issue Report, 2020.

2 _ BuzzFeedVideo, 〈You Won't Believe What Obama Says In This Video!〉, 2018. 4. 18.

3 _ Will Knight and Karen Hao, 〈Never mind killer robots—here are six real AI dangers to watch out for in 2019〉,《MIT technology review》, 2019. 1. 7.

4 _ https://www.invid-project.eu/

5 _ Michael Horowitz et al., 〈Artificial Intelligence and International Security〉, 2018.

6 _ MnetTV, 〈♬새로운 시작 by 거북이 (터틀맨, 금비, 지이)〉, 2020. 12. 9.

7 _ https://www.myheritage.co.kr/deep-nostalgia

8 _ 두뇌 신경 세포인 뉴런이 연결된 형태를 수학적으로 모델링한 학습 알고리즘이다.

9 _ Lev Manovich,《The language of new media》, The MIT Press, 2001.

10 _ 돈 애즈(이윤희 譯),《포토몽타주》, 시공사, 2003, 7쪽.

11 _ 마이클 랭포드(정성근 譯),《암실테크닉》, 학문사, 2002, 139쪽.

12 _ 가내화는 영국의 문화연구자인 레이몬드 윌리엄스(Raymond Williams) 등이 주창한 개념으로, 발전된 기술이 가정으로 침투해 기존 환경과 통합되고 자연스러운 것으로 인식되는(naturalised) 과정을 말한다.

13 _ Lev Manovich,《The language of new media》. MIT Press, 2001.

14 _ Luciano Floridi, 〈Digital's cleaving power and its consequences〉,《Philosophy & Technology》, 30(2), 2017, pp.123-129.

15 _ Nina Schick., 《Deepfakes: The Coming Infocalypse》, Twelve Books, 2020.

16 _ Deeptrace, 〈The state of deepfakes: landscape, threats, and impact〉, 2019.

17 _ 더팩트 연예기획팀, 〈[딥페이크 포르노를 아시나요②] '연예인은 공공재'라던 당신과의 대화 txt.〉, The Fact, 2018. 11. 4.

18 _ JAMES VINCENT, 〈A porn company promises to insert customers into scenes using deepfakes〉, The Verge, 2018. 8. 21.

19 _ Roland Barthes, (Richard Howard trans.), 《Camera Lucida: Reflections on photography》, Hill & Wang, 1981.

20 _ 이 영상은 2011년에 개봉된 영화 〈써니〉 중 여중생 10여 명이 두 패로 나뉘어 말싸움을 벌이는 장면을 딥페이크로 수정한 것이다. 제작자는 두 학생 패거리의 얼굴에 여자 아이돌인 레드벨벳 멤버의 얼굴과 트와이스 멤버의 얼굴을 각각 합성했다.

21 _ '도비룰스(Dobbysrules)'라는 서구권 무명 유튜버가 일본 게임 〈용과 같이〉에 등장하는 곡 〈바보같이〉를 진지하게 립싱크한 영상이 인기를 끈 후, 네티즌들이 이를 딥페이크 소스로 활용하여 마치 다른 사람이 노래를 부르는 것처럼 보이는 영상을 만드는 것이 전 세계적으로 유행했다. 2019년 열린 세계적 인공지능 학술대회 'NeurIPS'에서 발표된 논문을 바탕으로, 한 단계씩 따라만 하면 쉽게 이 딥페이크 영상을 만들 수 있었다. 이 방법이 온라인에 퍼지면서 '다메다메' 밈 열풍이 확산됐다. 역대 미국 대통령 버전, 역대 한국 대통령 버전, 스포츠 스타 버전 등 다양한 패러디가 딥페이크를 활용해 만들어졌다. 'Dame Dane' 또는 'Baka Mitai' 밈으로도 불린다. 도비룰스의 영상은 다음 url을 참고. https://youtu.be/dtLA3unpw4Y

22 _ Joseph Ayerle VideoArt, 〈Un'emozione per sempre 2.0: starring Ornella Muti〉, 2018. 3. 24.

23 _ 조셉 아이얼이 제공한 작품 설명 직접 인용.

24 _ Katerina Cizek , William Uricchio and Sarah Wolozin, 〈PART 6: MEDIA CO-CREATION WITH NON-HUMAN SYSTEMS〉, Collective Wisdom.

25 _ 1955년 존 매카시(John McCarthy)가 '인공지능'이란 말을 만들었다. 1958년, 프랭크 로젠블랏(Frank Rosenblatt)이 현재 인공신경망 기술의 기반을 놓은 '퍼셉트론(Perceptron)'을 개발했다.

26 _ Ada Lovelace, 〈Sketch of The Analytical Engine Invented by Charles Babbage〉, 《Bibliothèque Universelle de Genève》, 82, 1842.

27 _ Katerina Cizek , William Uricchio and Sarah Wolozin, 〈PART 6: MEDIA CO-CREATION WITH NON-HUMAN SYSTEMS〉, Collective Wisdom.

28 _ https://thispersondoesnotexist.com/

29 _ 안상현, 〈"화성, 걷는다, 광각" 입력하자 20초만에 잡지 표지가…〉, 《조선일보》, 2022. 11. 3.

30 _ TIMEREK RU, 〈МегаХон Брюс Уиллис〉, 2021. 8. 17.

31 _ Joshua Rothkopf, 〈Deepfake Technology Enters the Documentary World〉, 《The New Times》, 2020. 7. 1.

32 _ Joshua Rothkopf, 〈Deepfake Technology Enters the Documentary World〉, 《The New Times》, 2020. 7. 1.

33 _ Benji Edwards, 〈Bruce Willis denies selling deepfake rights to Deepcake [Updated]〉, Ars Technica, 2022. 10. 4.

34 _ Bea Mitchell, 〈Disney's deepfake technology could be used in film and TV〉, 《blooloop》, 2020. 7. 21.

35 _ Steve Williams and Joe Letteri, 〈Jurassic Park - The Illusion of Life〉, Silicon Valley ACM Siggraph, 1994.

36 _ EZRyderX47, 〈Robert Downey Jr and Tom Holland in Back to the future - This is heavy! [deepfake]〉, 2020. 2. 15.

37 _ 강경희, 〈서울 출생, 나이는 영원히 22세… 가상인간 로지의 탄생비화〉, 《조선일보》, 2021. 8. 6.

38 _ Samantha Cole, 〈AI-Assisted Fake Porn Is Here and We're All Fucked〉, Vice, 2017. 12. 12.

39 _ Jeremy Hsu, 〈Can AI Detect Deepfakes To Help Ensure Integrity of U.S. 2020 Elections?〉, 《IEEE Spectrum》, 2019.

40 _ Minki Hong, 〈Which One Is Real? Generating and Detecting Deepfakes〉, Samsung SDS Insights, 2022. 4. 28.

41 _ Yuezun Li, Ming-Ching Chang and Siwei Lyu, 〈In ictu oculi: Exposing ai generated fake face videos by detecting eye blinking〉, 2018 IEEE International Workshop on Information Forensics and Security, 2018.

42 _ Umur Aybars Ciftci, İlke Demir and Lijun Yin, 〈How Do the Hearts of Deep Fakes Beat? Deep Fake Source Detection via Interpreting Residuals with Biological Signals〉, 2020 IEEE International Joint Conference on Biometrics, 2020.

43 _ Tero Karras et al., 〈Analyzing and Improving the Image Quality of StyleGAN〉, Computer Vision and Pattern Recognition, 2020.

44 _ Li, Yuezun and Siwei Lyu, 〈Exposing DeepFake Videos By Detecting Face Warping Artifacts〉, Computer Vision and Pattern Recognition, 2018.

45 _ Ricard Durall et al., 〈Unmasking DeepFakes with simple Features〉, Machine Learning, 2020.

46 _ https://www.kaggle.com/c/deepfake-detection-challenge/leaderboard

47 _ Anil Ganti, 〈AI on AI Action: Gfycat Uses AI to Fight Deepfakes' Morphed Celebrity Porn Videos〉, Wccftech, 2018. 2. 16.
Louise Matsakis, 〈Artificial Intelligence is now fighting fake porn〉, 《Wired》, 2018. 2. 14.

48 _ Shannon Liao, 〈Gfycat says it'll use machine learning to make more high-res GIFs〉, The Verge, 2017. 12. 14.

49 _ Jeremy Hsu, 〈Can AI Detect Deepfakes To Help Ensure Integrity of U.S. 2020 Elections?〉, 《IEEE Spectrum》, 2019.

50 _ https://truepic.com/

51 _ https://www.serelay.com/

52 _ Samantha Cole, 〈Gfycat's AI Solution for Fighting Deepfakes Isn't Working〉, Vice, 2018. 6. 19.

53 _ Pablo Tseng, 〈What Can The Law Do About 'Deepfake'〉, McMillan, 2018.
Lorna Caddy, 〈Deepfakes: all is not what it seems〉, Inforrm's Blog, 2018. 12. 19.

54 _ 법안 전문은 다음 링크에서 확인할 수 있다.
https://www.congress.gov/bill/115th-congress/senate-bill/3805/text

55 _ Kaveh Waddell, 〈Lawmakers plunge into 'deepfake' war〉, Axios, 2019. 1. 31.

56 _ John Villasenor, 〈Artificial Intelligecne, deepfakes, and the uncertain future of truth〉, Brookings, 2019. 2. 14.

Kaveh Waddell, 〈Lawmakers plunge into 'deepfake' war〉, Axios, 2019. 1. 31.

57 _ 물론, DSA에 규정된 의무들이 얼마나 잘 준수되도록 강제될 수 있을지는 다른 문제다. EU는 과거부터 규제만 무섭게 만들고 정작 집행은 하지 못하는 '종이호랑이'라는 평가를 받아왔다.

58 _ 이청아, 〈中, 오늘부터 딥페이크 기술 세계 첫 규제〉, 《동아일보》, 2023. 1. 10.

59 _ Jeremy Hsu, 〈Can AI Detect Deepfakes To Help Ensure Integrity of U.S. 2020 Elections?〉, 《IEEE Spectrum》, 2019.

60 _ TEDx Talks, 〈Sexual predators edited my photos into porn - how I fought back | Noelle Martin〉, 2018. 3. 7.

61 _ Cara Curtis, 〈Deepfakes are being weaponized to silence women -- but this woman is fighting back〉, The Next Web, 2018. 10. 5.

62 _ Cuihua Shen et al., 〈Fake images: The effects of source, intermediary, and digital media literacy on contextual assessment of image credibility online〉, 《New Media & Society》, 21(2), 2019. pp.438-463.

63 _ 구체적으로 다음의 다섯 가지 내용을 포함한다: 바로 결론으로 넘어가지 마라(Don't jump to conclusions), 출처를 살펴라(Consider the source), 온라인 공간 다른 곳에 이 영상이 있는지 확인하라(Check where else it is (and isn't) online), 입 모양을 유심히 봐라(Inspect the mouth), 천천히 돌려 봐라(Slow it down).

64 _ Craig Silverman, 〈How To Spot A Deepfake Like The Barack Obama - Jordan Peele Video〉, BuzzFeed, 2018. 4. 18.

65 _ Nicholas Diakopoulos, 〈Reporting in a Machine Reality: Deepfakes, misinformation, and what journalists can do about them〉, 《Columbia Journalism Review》, 2018. 5. 15.

66 _ 벵자맹 주아노(신혜연 譯), 《얼굴: 감출 수 없는 내면의 지도》, 21세기 북스, 2011.

67 _ Michel Foucault et al., 〈Utopian body〉, 《Sensorium: Embodied experience, technology, and contemporary art》, 2006, The MIT Press, pp.229-234.

68 _ 벵자맹 주아노(신혜연 譯), 《얼굴: 감출 수 없는 내면의 지도》, 21세기 북스, 2011, 47쪽.

69 _ 벵자맹 주아노(신혜연 譯), 《얼굴: 감출 수 없는 내면의 지도》, 21세기 북스, 2011, 50쪽.

70 _ 벵자맹 주아노(신혜연 譯), 《얼굴: 감출 수 없는 내면의 지도》, 21세기 북스, 2011, 87-95쪽.

71 _ Dominique Baqué, 《Visages》, du regard, 2007.

북저널리즘 인사이드   불온함만큼의
                          가능성을 가진 기술

새하얀 롱패딩을 입은 교황의 모습이 카메라에 찍혔다. 사진 속 교황은 허리춤을 벨트로 조인 형태의 흰색 롱패딩을 입고 바티칸 시국의 성 베드로 광장을 산책하고 있었다. 이상한 모습이었다. 항상 같은 옷만 입던 교황이 갑작스레 추위라도 탄 것일까? 생각이 덧붙는 차에, 묘하게 뭉개진 손이 눈에 띄었다. 옥에 티 같은 흐트러진 손은 이 사진의 전말을 드러냈다. 흰색 패딩을 걸치고, 반짝이는 십자가 목걸이를 한 교황의 모습은 이미지 생성 인공지능 모델인 '미드저니Midjourney'가 만든 가상의 이미지였다.

비슷한 시기에 논란이 됐던 또 한 장의 사진은 도널드 트럼프 미국 전 대통령이 경찰에게 체포돼 연행되고 있는 이미지였다. 트럼프의 다급한 표정을 담은 이 이미지는 소셜 미디어에서 "트럼프가 맨해튼에서 체포됐다"는 설명과 함께 퍼져 나갔다. 트럼프 전 대통령이 2016년 대선 직전, 한 배우와 성관계를 맺은 사실을 감추기 위해 회사 자금으로 합의금을 지급한 뒤 회계를 조작했다는 혐의를 받고 있던 터라, 해당 이미지가 가져온 파급력은 더욱 컸다.

과거의 사진이 순간을 포착해, 해당 순간이 '존재했다'는 진실을 증명하는 하나의 자료였다면, 지금의 사진은 그렇지 않다. 만들어진 이미지는 교묘하게 현실의 일면을 파고든다. 그럴듯한 이미지는 온전한 상상과 픽션보다 현실에 더 큰 힘을 발휘한다. 현실에서 태어난 가상의 이미지가 현실을 바꿀 수 있는 힘을 갖고 있는 셈이다. 증거의 힘이 사라진 이미지의 시대, 이 시대에서 현실의 믿음직스러움은 더 이상 건재하지 않다.

미국의 작가 '아메리칸 아티스트American Artist'는 2019년, 한 영상 작업을 내놓는다. 그의 작업 〈My Blue Window〉는 21분 56초간 인공지능 도구인 예측 치안 기술의 실행 화면을 보여 준다. 해당 영상에서 비추는 예측 치안 기술은 실제 미국 경찰에게 보급된 도구다. 이 시스템은 흑인과 이주민이 거주하는 동네를 지날 때 말이 많아진다. 범죄가 발생할 가능성이 높다는 의미다. 이유는 하나다. 흑인이 범죄를 저지를 확률이 백인의 범죄 가능성보다 높고, 이주민의 위험성이 그렇지 않은 이들보다 강력하다는 것이다. 경찰은 AI가 일러준 위험 지역을 더 오래, 더 샅샅이 순찰한다.

〈My Blue Window〉는 인공지능이 학습한 현실의 일면이 특정한 형태의 얼굴에 덧붙을 때의 나비효과를 연상시킨다. 인공지능은 결코 공평하지 않다. 이미 세상이 만들어 낸 모든 편견을 학습하고 있다는 의미에서 그렇다. 인공지능에게 흑인의 얼굴과 백인의 얼굴은 같은 무게로 다가오지 않는다. 인간은 의도적인 교육과 반복된 학습을 통해 편견을 보정하지만, 인공지능의 블랙박스에게는 그러한 보정 능력이 없다. 얼굴 인식 기술의 시대에서, 얼굴은 0과 1로 쪼개져 있고, 자잘한 픽셀의 모음으로 인식된다. 그러나 그 이미지가 현실에 던져지는 순간, 모든 픽셀들은 연결된다. 현실의 편견은 그 연결 속에서 공고해지고, 가속화된다. 이미지와 얼굴이 가진 폭력의 얼굴, 창작의 얼굴도 마찬가지다. 딥페이크를 통해 양산되는 수많은 포르노그래피적 이미지, 인공지능 생성 도구를 통해 만들어지는 여러 창작의 가능성들은 이미 존재했던 현실과 무관하지 않다. AI시대의 이미지들은 현실과 등을 붙이고 서 있다.

AI 시대의 이미지는 얼굴의 모양과 위상, 얼굴의 색, 얼굴의 출신을 묻는다. 이 질문에 담긴 얼굴에 '진실'과 '거짓'에 대한 질문은 무의미하다. 눈과 머리가 싸우는데, 진실과 거짓의 충돌이 무슨 소용이 있겠는가? 혹은 범죄 예방을 위해 위험 지역을 더 돌아다닐 뿐이라는, 철옹성처럼 보이는 진실 앞에서 우리는 어떤 거짓의 여지를 물을 수 있겠는가? 머지않아 현실이 될 수 있는 가상의 이미지 앞에서, 우리는 그 이미지를 어떤 죄목으로 판결대에 올릴 수 있을까? 현실을 먼저 매개해 대중의 눈앞에 선보였다는 사실은 충분한 근거가 되지 못할 것이다.

진실과 거짓을 구분하는 일의 무용함은 '딥페이크의 얼굴'에서도 제기되는 문제다. 우리는 이미 거짓 얼굴의 세상에

살고 있다. 모두가 일상적으로 사용하는 인스타그램의 AR 필터 역시 누군가의 얼굴을 조작하는 형태다. 혹자는 가상의 얼굴을 빚어내는 행위는 초상화의 시대에도, 암실의 시대, 심지어는 거울 앞에도 있지 않았나 물을 수 있다. 그러나 인스타그램의 작동 원리를 모르는 이도 클릭 한 번에 AR 필터를 쓸 수 있는 세계에서, 진실과 거짓이 뒤섞인 얼굴은 무엇이 물이고, 기름인지가 불분명한 기름띠 같은 형상일 수 있다.

최근 논란이 되는 딥페이크 기술은 이 기름띠를 극대화하는 도구다. 딥페이크는 메시지가 아닌 메신저를 바꿔 메시지가 갖는 힘을 증폭시키거나 와해시킨다. 얼굴이 일정 수준 이상의 정체성을 담보했던 과거와 달리, 딥페이크 시대 이후의 얼굴은 한 번 쯤 되물어야 하는, 의심해야 하는 대상이다. 딥페이크는 기술과 사람을 분리한다. 어떠한 지식도 없이, 특정인의 얼굴과 행동을 선택하기만 한다면 손쉽게 딥페이크 사진을 만들어 낼 수 있다. 얼굴은 0과 1로, 진실과 거짓으로, 예술과 기술로, 감시와 오해로 쪼개진다. 이 흐름을 막을 수 없다면, 우리는 결국 얼굴을 쪼개는 기술을 활용하고, 진실을 현명하게 묻는 법을 찾아야 한다. 《딥페이크의 얼굴》은 그 질문의 방법을 일러주는 책이다.

과연 딥페이크라는 기술 자체를 금지하면, 얼굴을 신뢰할 수 없는 시대의 부작용도 사라질까? 얼굴이 정체성을 보증하던 시기를 뛰어넘어, 우리는 얼굴을 다시 사유해야 하는 시대에 도착한 것일지도 모른다. 얼굴이 더 이상 믿을 수 있는 정체성을 담보하지 못할 때, 그리고 이미지가 명백히 존재했던 현실을 입증해 주지 못할 때, 새로운 메시지와 메신저의 시대가 열린다. 새로운 시대는 묻는다. 얼굴이 가진 무수한 가능성에서, 당신은 무엇을 취할 것이냐고. 세상이 포착할 수 있는 건 폭력의 얼굴일 수도, 한편으로는 창작의 얼굴일 수도 있다. 기술은 그 자신이 가진 불온함만큼의 가능성을 갖기 때문이다.

이 시대에 도착한 딥페이크가 범죄의 얼굴이 아닌, 창작과 창의의 얼굴이 되기 위해서는 우리는 지금 다시 물어야 한다. 조건 없는 금지는 다가오는 미래의 가능성마저 앗아 갈 수 있다. 거짓의 얼굴, 가능성의 얼굴 앞에서 질문과 답은 그 어느 때보다 신중하고, 입체적이어야 한다.

김혜림 에디터